看图走天下丛书

U0724172

ZOUJIN SHIJIE
ZHUMING JIAOTANG

KANTUZOUTIANXIA

走进世界
著名教堂

以天下之大，穷一人毕生之财力、精力欲遍游之，难矣。一秀才不出门，便知天下事。"看图走天下丛书"带您走近世界奇景胜迹，阅尽天下文明遗产。

本丛书编委会◎编

世界图书出版公司
广州·北京·上海·西安

图书在版编目（CIP）数据

走进世界著名教堂／《看图走天下丛书》编委会编
. —广州：广东世界图书出版公司，2010.4（2024.2 重印）
（看图走天下丛书）
ISBN 978 - 7 - 5100 - 2055 - 1

Ⅰ . ①走… Ⅱ . ①看… Ⅲ . ①教堂 - 世界 - 青少年读
物 Ⅳ . ①B977.1 - 49

中国版本图书馆 CIP 数据核字（2010）第 050014 号

书　　名	走进世界著名教堂	
	ZOUJIN SHIJIE ZHUMING JIAOTANG	
编　　者	《看图走天下丛书》编委会	
责任编辑	陈世华	
装帧设计	三棵树设计工作组	
出版发行	世界图书出版有限公司　世界图书出版广东有限公司	
地　　址	广州市海珠区新港西路大江冲 25 号	
邮　　编	510300	
电　　话	020-84452179	
网　　址	http://www.gdst.com.cn	
邮　　箱	wpc_gdst@163.com	
经　　销	新华书店	
印　　刷	唐山富达印务有限公司	
开　　本	787mm×1092mm　1/16	
印　　张	13	
字　　数	160 千字	
版　　次	2010 年 4 月第 1 版　2024 年 2 月第 11 次印刷	
国际书号	ISBN　978-7-5100-2055-1	
定　　价	49.80 元	

前　言

　　"教堂"一词源于希腊语,意为"主的居所",是举行宗教仪式的建筑物与专用场所。在基督教流传的最初阶段,教会主要是利用犹太教会堂或信徒的家来举行宗教聚会和礼仪的。到4世纪初期,基督教成为罗马帝国国教后,开始建筑教堂。最早的教堂多由宫殿改建或仿照宫殿式样建造。教堂建筑的演变经历了巴西利卡式、罗马式、哥特式、巴洛克式和洛可可式等阶段,其中统治时间最长的是中世纪的哥特式教堂。

　　1. 巴西利卡式教堂。"巴西利卡"意为古罗马的公共议事堂或进行商业交易的场所。从平面图上看如字母"T"形。入口到顶端的"横县"出可划为3个活动区。进门后的活动区仅占很少面积。再往前走便是进行正式宗教活动的正厅,所占面积最大。最后"T"形的顶部,是神职人员的活动场所,墙上开有凹进去的半圆形供奉耶稣的壁龛。整个内容用2排列柱分隔成3个区域:正中最宽处为主要活动区,两侧狭窄处为陈列圣物或其他活动的偏殿,正中的高达屋顶为"人"字坡;偏殿则较低,为中坡流水的屋顶。建于公元380年的意大利圣保罗大教堂,便是具有代表性的巴西利卡式教堂。

　　2. 罗马式教堂。欧洲进入10世纪之后,封建势力割据,战乱频繁,国力和财力均不及古代的罗马帝国。基督教和封建主义企图借建筑之壮阔雄伟显示其威严,如厚实沉重的墙壁、半圆形的拱门、窗孔和圆形的穹隆形屋顶。这种受古罗马建筑影响而又不及古罗马建筑的教堂,被称为罗马式教堂。罗马式教堂最早见于古罗马首都意大利,直到公元11~12世纪才逐渐传到欧洲的其他地区,如法国、英国和北欧诸国。

　　3. 哥特式教堂。中世纪的欧洲,继仿罗马式的教堂之后,兴起哥特式教堂。哥特式教堂的产生与西欧11世纪后期繁荣的城市经济有关。

在西欧的许多城市中，手工业和商业促进了资本主义的萌芽。城市之间除了经济、政治上的竞争，也带来教堂建筑的竞争，每一城市都以能建立美丽雄伟的教堂为荣。基于这一背景，这一时期的哥特式教堂从外到内都十分瑰丽华美，极尽奢华之能事，使之成为城市经济繁荣的象征。

4. 巴洛克式。巴洛克一词的原意是"奇异古怪"，古典主义者用它来称呼这种被认为是离经叛道的建筑风格。巴洛克风格打破了对古罗马建筑理论家维特鲁威的盲目崇拜，也冲破了文艺复兴晚期古典主义者制定的种种清规戒律，反映了向往自由的世俗思想。另一方面，巴洛克风格的教堂富丽堂皇，而且能造成相当强烈的神秘气氛，也符合天主教会炫耀财富和追求神秘感的要求。因此，巴洛克建筑从罗马发端后，不久即传遍欧洲，以至远达美洲。有些巴洛克建筑过分追求华贵气魄，甚至到了繁琐堆砌的地步。

5. 洛可可式。洛可可一词由法语 ro－caille（贝壳工艺）演化而来，原意为建筑装饰中一种贝壳形图案。洛可可式建筑风格于 18 世纪 20 年代产生于法国并流行于欧洲，是在巴洛克式建筑的基础上发展起来的，主要表现在室内装饰上。洛可可风格的基本特点是纤弱娇媚、华丽精巧、甜腻温柔、纷繁琐细。它以欧洲封建贵族文化的衰败为背景，表现了没落贵族阶层颓丧、浮华的审美理想和思想情绪。他们受不了古典主义的严肃理性和巴洛克的喧嚣放肆，追求华美和闲适。1699 年建筑师、装饰艺术家马尔列在金氏府邸的装饰设计中大量采用这种曲线形的贝壳纹样，由此而得名。

随着天主教、基督教的传播，美洲、亚洲，甚至非洲也出现了许多各具特色的教堂。20 世纪中期，一些新独立的国家也建起了具有民族特色的教堂。现在欧美国家摆脱传统教堂格局的束缚，采用现代建筑艺术，设计出许多新颖、别致的教堂。

本书精选了近 80 座世界著名教堂，介绍其主要特点，有的还介绍了一些有关教堂历史的资料，并附精美图片供读者欣赏，希望对爱好者有所帮助。

目　　录

因为太长时间的建造，让这座华丽的教堂呈现了不同的风格。如果你是一个鉴赏家，那么这是一座令你陶醉的艺术殿堂。

威尔士大教堂（英国）

由于威尔斯大教堂是在较长时期内分期建造的，所以各个部分的风格有一定区别，大体上说，西立面、外墙和交叉廊部位的塔具有较明显的早期英国哥特式风格，而室内的拱券等具有盛期和晚期英国哥特式特征。教堂平面与索尔兹伯里大教堂类似，具有典型英国特征。横厅的西侧中堂为比较常见的肋拱形式的顶棚，中廊的拱廊以强调楼层的手法水平划分为重点，形成了高 20.4 米，长度超过 100 米的水平纵深空间。横厅东侧的圣堂以多枝的扇形肋拱从集束柱上生出，作为室内空间的主要构成方式。虽然"飞

威尔士大教堂

券＋扶壁"的结构系统基本上没有得到采用，但为了加强交叉廊部位（塔楼的下部）的结构强度而设置的 X 形尖券，则是将结构、室内空间和想象力融为一体的成功壮举。教堂西立面上的构成元素基本上与索尔兹伯里大教堂相同，具有典型的早期英国哥特式风格，但西立面的体形结构和尺度对比（例如门洞大小和立面整体的尺度对比等）则反映了罗马风格和中世纪建筑的深厚传统。

威尔士大教堂

达勒姆大教堂（英国）

　　达勒姆位于英格兰东北部，北距纽卡斯尔不到 30 千米。这一带山丘广布，韦尔河在山丘之间冲出一道 U 形急转弯，留下一个三面环河的小半岛。这座小小的山城只有 3 万人口，而大学生却有 6000 多。它是牛津、剑桥之外的又一座大学城。

　　征服了英格兰的威廉一世看中了这个易守难攻的小半岛，下令在连

达勒姆大教堂

接陆地的咽喉处修筑一座城堡。后来，半岛上渐形成街市，达勒姆就这样出现了。

中世纪以来，达勒姆曾长期作为主教驻地。那时，达勒姆主教身兼诸侯，宗教和世俗大权一把抓，甚至还统帅军队，这在英国是绝无仅有的一例。不过，主教们对该城的教育事业倒也出力不少。早在15世纪时这里就办起了第一所文法学校，即今天的达勒姆学校。1832年，达勒姆创办了一所大学。论资格，这所大学在英格兰仅晚于牛津、剑桥，比著名的伦敦大学要早4年。达勒姆大学有12个学院，校舍分布在全城各处，甚至已发展到郊外。特别值得一提的是这所大学东方学院的中文系，它在英国众多的大学中文系中，颇有声望。就是这个中文系的学生，曾用汉语演出过中国著名作家曹禺先生的话剧《雷雨》。东方学院还拥有一座对外开放的东方艺术博物馆。它是英国唯一的一座专门收藏东方艺术品的博物馆。

达勒姆大教堂

城中的名胜首推大教堂。它建于1093～1130年，是英国最典型的诺曼底式教堂，具有窗高壁厚、柱粗拱圆的特点。西面屹立着2座对称的四方高塔，中间又耸起1座，造型既雄浑又壮观。教堂北大门上，装

饰着一个鬼脸，口中含着被磨拭得很光亮的铜环。这是 12 世纪的遗物。中世纪时，不知有多少无辜的罪人，历经艰辛，来到门前，为的是握住这道门环，以求神的赦免。走进教堂可以看到当年主教诸侯的宝座和棺枢。英国最早的历史学家比德（673～735）的遗骨就藏在这里。

古城堡（Castle）是达勒姆的又一处名胜。中世纪时，它是防御苏格兰人南下的要塞，也是主教诸侯的官邸。堡内诺曼底时代的小礼拜堂等古建筑仍完好如初。19 世纪古城堡改为大学校舍，大厅成了学生食堂。古城堡功能的变化，也正是达勒姆从中世纪的军事要地和宗教中心转变为现代大学城的一个缩影。

坎特伯雷大教堂（英国）

声名远扬的坎特伯雷大教堂（圣马丁教堂）从公元 597 年就在基督教传教中担负着十分重要的角色。传教士奥古斯丁受教皇的委派，从罗马赴英国传教。他在 40 名修士的伴随下，来到当时肯特王国都城坎特伯雷。当时的国王是一个异教徒，但王后却信仰基督教。在王后的支持下，奥古斯丁在这里站稳了脚跟，成为第一位坎特伯雷大主教，并把基

坎特伯雷大教堂

督教传播到整个英格兰。因此，坎特伯雷被人们喻为基督教信仰的摇篮。12世纪时，英王亨利二世任命他的臣僚和好友托马斯·贝克特为大主教，但贝克特就任后宣称：他不再是国王的奴仆，而只听命于罗马教皇。亨利二世的四名骑士将贝克特杀死于教堂。事后，亨利二世很后悔，到教堂忏悔，并皈依基督教。在此后的几个世纪里，难以数计的"香客"络绎不绝地涌入坎特伯雷，朝拜这位"殉教者"。坎特伯雷也就因此成为英国的"圣城"。

大教堂规模恢宏，长约156米，宽50米，中塔高达78米。早期的教堂毁于战火，1070年这座大教堂动工重建，后来又经历了几次续建和扩建，才形成现在这个规模。大教堂高大狭长的中厅和高耸的中塔楼表现出向上飞拔飞腾的气势，而其他建筑则表现出雄浑厚重的风格。教堂的几个大厅都非常宽阔，每个大厅可容纳上千人，里面的每根大石柱拔地而起，在房顶交织成精美的图案。目之所及，到处都是精美绝伦的石雕，

坎特伯雷大教堂

有的粗犷，有的细腻，令人折服。墙四周是高大的玻璃窗，彩色玻璃画也是这里的艺术特色之一。教堂的东端，是个巨大的地下室，用以纪念圣托马斯。亨利四世、爱德华三世之子以及百年战争中的许多名人也安

葬在教堂里。这里还陈列着古代骑士用过的盔甲、盾牌和其他兵器。

每天傍晚 5 点 20 分，教堂里庄严、肃穆、神秘的气氛会让每个人心驰神往。唱诗班分列两边，在风琴的伴奏下，一个个乐章唱响。在教堂特有的回响中，每唱一段，都有一位教士上去念一番圣经。

英国列入世界文化遗产的教堂有 2 座，坎特伯雷名列其中，但没有得到政府的资助，主要靠旅游者的捐赠维持。坎特伯雷大教堂每年要接待 100 万参观者。

圣保罗大教堂（英国）

伦敦有很多教堂，但最引人注目的，是坐落在伦敦城西首的圣保罗大教堂（St. Paul's Cathedral）。它以悠久的历史和壮观的圆形屋顶而闻名于世，是游客们必去参观的一个地方。

圣保罗大教堂建造在伦敦城西部的漫坡小山上。原来那里是当年伦敦城的西大门——卢德门，因此把这座小山改称为卢德门山。很久以前，那里就是一个繁华的市区。公元 604 年，东撒克逊王埃塞尔伯特在卢德门山顶上，建造了初期的圣保罗大教堂。此后 1300 多年来，这里一直是伦敦最重要的教堂之一。

圣保罗大教堂曾经几度重建。现在我们看到的这座大教堂，是在 1666 年的大火烧毁后，由建筑大师克里斯托弗·雷恩爵士重新设计建造的。从 1675 年开始兴建，直到 1710 年才最后完工，工程费达 75 万英镑，全由政府支出。1940 年底，圣保罗大教堂在空袭中遭到局部破坏，战后重新修复。

圣保罗大教堂的建筑别具一格，既继承了传统的教堂建筑艺术，又突破了普通教堂的设计。其主体建筑是两座长 150 米、宽 39 米的 2 层十字形大楼。十字楼的中间，拱托着一座高达 111.4 米的穹窿圆顶建筑。圆顶底下高出十字楼的部分，是一个 2 层圆楼。底层四周的走廊外面，建有一圈圆形的石柱。顶层则有一圈石栏围拢的阳台，人们可以站在这里欣赏伦敦的市景。穹窿顶盖的上端，安放着一个镀金的大十字架。教堂正门面西，门前有一道由 6 对高大的圆形石柱组成的走廊。正门上部的人字墙上，雕

圣保罗大教堂一角

刻着圣保罗到大马士革传教的图画。人字墙顶上，立着圣保罗的石雕像。教堂正面建筑的两端，有1对互相对称的钟楼。西北角的钟楼里，挂着一组和谐音调的教堂用钟；西南角的钟楼里，吊着一具重达17吨的大铜钟。这具英格兰最大的铜钟，在每天半夜1点，由教堂人员敲打5分钟。

　　教堂的正门前面，有22级台阶。台阶下面的小广场上，有一座于1712年建立的女王安妮的石雕像，以歌颂在她的"太平盛世"里，这座圣保罗大教堂得以落成。安妮女王以嗜酒著称。正巧大教堂的前面原来是一排酒馆。不晓得当时哪一位俏皮的诗人，曾留下了两句著名的打油诗，来描述这座雕像。诗云：

　　"白兰地安妮，被遗弃路旁；

　　面对酒馆，背靠教堂。"

　　圣保罗大教堂的里面，是用方形石柱支撑起来的拱形大厅，里面放着一排排的长条木椅，正面是牧师传教的讲坛。伦敦教区的主教就在这里讲经。大厅的墙壁和天花板，有各种精美的雕刻和豪华的装饰。大厅周围，有许多厅室，是陈列教堂文物和教士们办公的地方。

同其他有名的教堂一样，这里也有一些王公达官们的坟墓和纪念碑。英国历史上著名的海军上将纳尔逊（1758～1805 年）和英国首相惠灵顿将军（1769～1852 年）的墓室，就在这里。这两位将军都是 19 世纪初期同拿破仑作战的英雄。纳尔逊在 1805 年 10 月 21 日指挥的特拉法尔加地角大海战，曾以少胜多，击败了法国和西班牙的联合舰队，打破了拿破仑登陆英国的企图。惠灵顿在 1815 年 6 月 18 日指挥的滑铁卢战役，曾使拿破仑遭到了毁灭性的惨败。英国人对这两场反侵略战役的胜利，至今还引以为荣。

在圣保罗大教堂里，还埋着 2 名 11 世纪的撒克逊国王。盎格鲁-撒克逊人是英国人的祖先。公元 410 年，罗马占领军开始从不列颠境内撤退，居住在北欧的盎格鲁-撒克逊和朱庇特人开始大举侵入不列颠境内。不列颠岛上的克尔特居民对侵入的抗

圣保罗大教堂

争到 7 世纪初才基本上结束。大约 6 世纪末到 7 世纪初，在盎格鲁-撒克逊人所征服的不列颠领土上出现了许多各自为政的小王国。伦敦属于东撒克逊王国，所以东撒克逊国王于 7 世纪初在这里兴建了第一座圣保罗大教堂。经过长期的分裂和混战，终于在 10 世纪初形成了统一的英吉利王国。统治这个国家的盎格鲁-撒克逊人，把他们的国王习惯地称为撒克逊王。圣保罗大教堂里埋葬着的这两名撒克逊王，已经是撒克逊王朝末期的国王了。后来，教堂虽经几次重建，但他们的墓室一直被保存下来。

英国的宗教信仰以国教基督教为主，其次是天主教。居民中还有少量的伊斯兰和犹太教徒。宗教势力现在虽然不像过去那么大，但在社会上仍然有着重要的影响。教会除了进行宗教活动以外，还主办一些学校、医院和慈善事业。其经费来源除了依靠教会和教堂的财产外，主要来自教徒们的捐款。

威斯敏斯特大教堂（英国）

威斯敏斯特教堂（Westminster Abbey）为英国著名的新教教堂，位于英国伦敦市。威斯敏斯特教堂的历史就是伦敦乃至英国历史的缩影。

伦敦市位于泰晤士河畔。英国人常说："没有泰晤士河，也就没有伦敦。"波光粼粼的泰晤士河从伦敦市中心穿过，把城市分为南北两部分。泰晤士河发源于英格兰西南部的科茨沃尔德山，全长 338 千米。由于河流水位落差不大，水流缓慢，加之流域地区雨量均匀充足，水位稳定，航行便利，因此，泰晤士河流域成为英国历史上发展最早的地区。

早在 3000 多年前，伦敦地区已是有英国人口聚居的一个地方。但伦敦建城却是在古罗马统治大不列颠的时代。早在公元前 54 年，罗马帝国派恺撒率兵入侵大不列颠岛。公元 43 年，罗马军队再度征服大不列颠岛，从海上而来的罗马侵略军，经过泰晤士河进入英格兰的内地。就在这次入侵的头一年，罗马人就把伦敦作为他们的主要兵站，在这里修建了第一座横跨泰晤士河的木桥。因此，伦敦市的建立，也就从这一年算起。当时的罗马人把他们建立的这座军事要塞，称之为"伦甸涅姆"。伦敦这个名字，就是由此衍化而来的。

据史料记载，罗马人占领时期的伦甸涅姆，已经成为大不列颠最大的一座商港。当时欧洲大陆的商船，经过莱茵河和北海，把欧洲内地盛产的橄榄油、酒类、玻璃和金属器皿等农业和手工业品，运往伦敦；而将英国出产的毛织品、皮革、白银和钻石等商品，运回欧洲大陆。

威斯敏斯特大教堂

威斯敏斯特教堂宏伟、壮观，是英国哥特式建筑的杰作，也是英国历史文物的集萃之地。威斯敏斯特教堂的前身是隐修院。相传 616 年由撒克逊国王塞培特创建。10 世纪英国国王埃德加（959～975 年在位）时期改建成了正式教堂。1050 年英国国王爱德华（1042～1066 年在位）下令扩建。1065 年建立耳堂，1163 年中殿建成后，爱德华的遗骸被移葬于此。13 世纪英国国王亨利三世（1216～1272 年在位）下令采用当时的哥特式风格对教堂进行改建。1245 年动工，1517 年基本完工。期间因火灾和疫病停建近 1 个世纪。16 世纪初，教堂增建了一个英国"垂直式"小礼拜堂，伊丽莎白一世死后就埋葬于此。西面的尖塔是最后建成的部分，于 1745 年完工。教堂平面呈拉丁十字形，总长 156 米，宽 22 米；大穹窿顶高 31 米，钟楼高 68.5 米。教堂的柱廊宏伟凝重，双塔高耸挺拔。堂内装饰精致华丽，玻璃窗五彩缤纷。整座教堂既有富丽堂皇的艺术效果，又给人以神圣肃穆的感受。

威斯敏斯特教堂不仅是宗教胜地，而且是英国王室的活动场所。从 11
世纪胜利王威廉开始，除爱德华五世和爱德华八世外，其他英国国王都在
此加冕登基。王室的婚礼、葬礼等仪式也在这里举行。威斯敏斯特教堂不
仅是 20 多位英国国王的墓地，也是一些著名政治家、科学家、军事家、文
学家的墓地，其中有丘吉尔、牛顿、达尔文、狄更斯、白朗宁等人之墓。
英国的无名英雄墓也设在这里。

威斯敏斯特大教堂

圣玛利亚大教堂（德国）

圣玛利亚大教堂位于德国西部的特里尔。特里尔城南可到法国里昂，北可至科隆，西可通法国巴黎，东可达美茵茨。特里尔城约建于公元前15年（另一资料为公元前16年）奥古斯都（罗马帝国第一位皇帝）统治时期。由于特里尔城地处具有战略意义的交叉点（距离最初的凯尔特人圣所不远），因此，古时它被作为军事要地。罗马帝国时代的统治者把这里作为抗击游牧民族的重要据点。公元2世纪中叶，这里修建了长6500米的城墙以及47座碉堡。公元3世纪末，古罗马皇帝戴克里先（284～305年）将它作为其宫廷所在地和罗马帝国西部地区的首府，因此又有"北方的罗马"和"第二罗马"之美誉。也就是从这一时期开始，特里尔相继建成了许多历史性建筑。这里的建筑具有浓厚的罗马式风格，极富古朴典雅的气息。这些教堂具有浓厚的宗教色彩。

在罗马帝国历史上，君士坦丁大帝是最重要的皇帝之一。他于公元315年左右命令将其母亲曾经住过的特里尔宫殿改造成巨大的双梁教堂，北侧一幢作为供奉圣彼得的主教教堂；南侧一座为教区教堂。11世纪，南侧的教堂成为圣玛利亚教堂，北侧的教堂则变成了大教堂。

圣玛利亚大教堂是德国最大的早期复式基督教建筑之一，被认为是哥特式中心建筑最早、最重要的代表作。顶部的画描述了圣母玛利亚领受天使向她传递上帝的旨意，告知她将由圣灵感召而生耶稣的故事。

圣玛利亚大教堂是按照当时欧洲流行的哥特式风格建造的。教堂的大门朝西，面对着洗礼堂，旁边有一个高高的钟塔，前面是开阔的广场，衬托着色彩富丽的石建筑，显得非常庄严气派。

1365 年这座辉煌的大教堂基本上完成了它的主体工程，但是剩下的中央歌坛上的八角形屋顶未能完工，由于它的跨度太大，整整搁置了半个世纪。1420 年，教会最终采用了著名建筑师伯鲁乃列斯基的设计。他为了要使这个用骨架构成的大穹窿顶能够在全城到处都能看到，所以在顶的下面加上了一个12 米高的八角形基座。穹窿

圣玛丽亚大教堂

顶本身高 30 多米，从外面看去，像是半个椭圆，以长轴向上。穹窿的结构采用了骨架券的做法，一共有 8 个大肋和 16 个小肋，肋架之间有横向联系。穹窿的外壳做成 2 层，在两层之间是空的，并可容人上下。在穹窿顶的尖顶上，建造了一个很精致的八角形亭子，这亭子采用了古典的形式。小亭子与穹窿顶的总高有 60 米，亭子顶距地面达 115 米，成为全城的重要标志。全部工程于 1434 年完成，这在当时是非常惊人的技术成就。

中世纪时，天主教的教堂从来不允许用穹窿顶作为建筑构图的主题，因为教会认为这是罗马异教徒庙宇的手法。而伯鲁乃列斯基不顾教会的那些禁忌，他的建筑设计渗透了人文主义的思想与古典的手法，因

此这个大穹窿顶的建成被认为是意大利文艺复兴建筑的第一朵报春花。

由于年代久远，大教堂经反复修整，建筑风格十分复杂，有古罗马时代的围墙，有中世纪时期的城堡，还有巴洛克风格的屋顶和 19 世纪建造的光塔。走进教堂，里面黑暗又神秘，大礼拜堂内只见烛光闪烁，好听的和声在里面回响。坐在教堂的木凳上，静静地聆听那美妙的音乐，仿佛自己也被融于其中。

1986 年，联合国教科文组织将圣玛利亚大教堂作为文化遗产，列入世界遗产名录。

圣玛利亚大教堂

乌尔姆大教堂（德国）

　　乌尔姆大教堂共有 3 座塔楼，西侧的主塔楼高 161.53 米，超过科特迪瓦的亚穆苏克罗大教堂（158 米）和德国的科隆大教堂（157.4 米），是当今世界上最高的教堂塔楼；东侧的双塔楼高 86 米。教堂建筑长 123.56 米，宽 48.8 米，面积约 8260 平方米，是德国的第二大哥特式教堂。

　　登上主塔楼的 768 级台阶可以到达 143 米高的平台，俯瞰乌尔姆城和周边，天气状况良好时甚至可以望见阿尔卑斯山。

　　14 世纪，乌尔姆处于战乱之下，政局不稳。由于乌尔姆的教堂远在城门外 1 千米，市民们决定自己筹资在

乌尔姆大教堂

城墙内建造一个新的教堂。此时的乌尔姆人口不超过 1 万。

·走进世界著名教堂·

　　1377 年 6 月 30 日，乌尔姆市长路德维希·克拉福特（Ludwig Krafft）和建筑师海因里希二世·帕尔勒（Heinrich II. Parler）一同为大教堂埋下第一块基石。帕尔勒家族是建筑世家，他们给 14 世纪的欧洲留下了很多重要的哥特式艺术和建筑。海因里希二世·帕尔勒为乌尔姆大教堂建造了唱诗台和侧面塔楼的下半部分，他先前在施瓦本格敏德的城市建设中积累了丰富的经验。1381 年，米歇尔·帕尔勒（Michael Parler）接替海因里希二世·帕尔勒，他曾参与过布拉格大教堂的建造。1387～1391 年，由海因里希三世·帕尔勒（Meister Heinrich III. Parler）接管。但是他们祖孙三代的接力努力未能实现设计者起初要求主塔楼高 156 米的愿望。

乌尔姆大教堂的马丁·路德的雕像

　　1392 年起，乌尔姆大教堂的建设任务转移到同是哥特式建筑世家的恩辛格家族手上。先由建造过布拉格大教堂和斯特拉斯堡大教堂的乌尔里希·恩辛格（Ulrich Ensinger）建造，他梦想修建一个超过 150 米的主塔楼。此后他的儿子马特豪斯·恩辛格（Maïthaus Ensinger）在 1446 年接替他继续建造。

　　1543 年，出于政治压力、宗教改革和资金缺乏等原因，乌尔姆大

教堂停止修建，当时的教堂主塔楼高约 100 米。

1844 年时局稳定下来的乌尔姆继续修建大教堂，1885 年主塔楼和西塔楼分别完工。1890 年 5 月 31 日，塔楼十字架安放完毕，标志着经历 500 多年建设的乌尔姆大教堂正式完工。当时的建筑师是奥古斯特·冯·拜尔（August von Beyer）。

1944 年 12 月 17 日乌尔姆遭到盟军空袭，教堂广场上几乎所有的其他建筑被严重损坏，而乌尔姆大教堂却幸免遇难，并且毫发未伤，反倒是因为担心受损而及时转移出教堂的中世纪窗画被炸毁了。

现在，大教堂每年需要花费数十万欧元进行维修。

圣米盖尔大教堂 *（德国）*

　　圣米盖尔教堂建于 1001～1033 年前后，在德国教堂建筑中占有重要地位。教堂东西两部分接近对称，侧廊宽敞，两端为突出的楼梯塔，墙龛和圣坛很大，教堂入口设在北侧厅。

　　在两个横厅与中堂交叉处有 2 座方塔，东塔东侧为圣堂，西塔西侧为圣绩堂（下面为埋葬圣者或者遗物的密室）。中堂为三廊式（单侧廊式），入口在正西和中堂的南北两侧。在横厅端头共有 4 座圆塔（底部为多边形），内有楼梯。中廊两侧为拱廊，拱廊至顶棚之间有大面积无装饰的墙面，顶棚附近有高窗，顶棚有彩绘。整个建筑布局清晰，装饰洗练，是早期罗马风建筑中的杰作。

　　教堂平面为长方形，端部突出一个圣龛，由哥特式教堂惯用

圣米盖尔大教堂

的拉丁十字形演变而来。中厅宽阔，拱顶满布雕像和装饰。两侧用2排小祈祷室代替原来的侧廊。十字正中升起一座穹窿顶。教堂的圣坛装饰富丽而自由，上面的山花突破了古典法式，处理为圣像和装饰光芒。教堂立面借鉴早期文艺复兴建筑大师阿尔伯蒂设计的佛罗伦萨圣玛丽亚小教堂的处理手法，正门上面分层檐部和山花做成重叠的弧形和三角形，大门两侧采用了倚柱和扁壁柱，立面上部两侧做了2对大涡卷。这些处理手法别开生面，后来被广泛仿效。

圣米盖尔教堂内景

柏林大教堂（*德国*）

柏林大教堂原为霍亨索伦王室的宫廷大教堂，作为新教教堂同罗马天主教教堂彼得大教堂相应。

1894～1905 年威廉皇帝二世时期，由 Julius Carl Raschdorff 设计所建。柏林大教堂是在旧的大教堂拆除之后，为霍亨索伦王族所建的宫

柏林大教堂

廷及纪念教堂。柏林大教堂上在设计上按照威廉二世的愿望，不顾当时人们的反对，建起了一座装饰华丽、带有意大利文艺复兴时期风格的圆顶。二次大战期间，教堂毁坏严重，1975～1993 年间得到了重新修复，但其原有装饰进行了简化。

教堂内部修饰富丽豪华，于同一时期由同样的建筑家 Raschdorff 设计。其中最创珍贵的是大选帝侯及夫人 Dorothea、弗里德里希国王一世及王后索菲·夏洛滕的棺材，价值连城。主圣坛是 1850 年 F. A. Stüler 的作品。

柏林大教堂巍然耸立在菩提树下大街东头。教堂的拱顶不仅仅是对罗马圣彼得大教堂的简单模仿，它使教堂的内部显得明亮而宽敞，这与教堂阴森冷峻的外表形成鲜明的对比。内有霍恩索雷伦王室墓葬，大天井高达 114 米。

这是霍亨索伦王朝的纪念碑，在它的穹顶下长眠着霍亨索伦家族的 90 多名成员。

威廉皇帝纪念教堂（德国）

威廉皇帝纪念教堂位于柏林繁华地段布赖特沙伊德广场，建于1891～1895年，是威廉二世皇帝为纪念他去世的祖父——德意志帝国首位皇帝威廉一世而下令建造的。建筑风格属于新罗马式，历时三载完工。该教堂中间有一座大钟塔，四面4座小尖塔，内部装修富丽堂皇，以表示皇位与圣坛的一致性。

1943年11月22日夜晚，教堂在柏林大轰炸中被炸成废墟，只剩下这座遍体伤痕，塔尖被削掉一半的塔楼。原来高113米的塔楼只剩下68米。镶在教堂外的时钟至今还停留在被炸时的瞬间。

柏林重建时期，市政府曾经考虑过重建威廉皇帝纪念教堂，恢复它昔日的原貌。这个设想却遭到柏林市民的反对。经过一番争论，建筑家埃贡·艾尔曼教授提出了一个折衷的设计方案。他在废墟上加建了一座现代风格的新教堂和一座六角形的新塔楼。

威廉皇帝纪念教堂

新教堂于 1959 年动工修建，1961 年完成。新建的教堂是灰色的，不太起眼，只有在夜晚灯光映衬下才变成蓝色，显得无比美丽。原教堂的废墟被保留下来作为反战的标志，成了真正的"纪念教堂"。因为教堂尖顶被炸，人们也把它叫做"断头教堂"。

　　大塔楼底部的大厅现在是个陈列室。天花板上仍然保留着精美的壁画，但是壁画上横七竖八地布着几道宽宽的裂痕。大厅的北墙上挂着16 幅大照片，这些照片展示了教堂的历史，从它昔年的壮美直到 1943 年 11 月 22 日夜晚留下的废墟。

威廉皇帝纪念教堂

弗莱堡大教堂 *（德国）*

弗莱堡是德国巴登－符腾堡州 Breisgau 地区的一座城市，位于黑森林南部的最西端，人口约 20 万。很多人认为，弗莱堡是德国最温暖、阳光最灿烂的城市。

费莱堡大教堂是这座城市最有名的建筑和象征。塔楼高 116 米，做工精湛，称得上哥特式建筑艺术的杰作。据说，巴斯勒的作家卡尔·雅各布·布克哈德就是因为这个原因，才把这个座教堂称为"基督教界最美的塔楼"。

大约在公元 1200 年，弗莱堡就开始在市中心建造大教堂了。起初的建筑还是罗马式的基础，但后来因为流行的哥特式传到弗莱堡，人们就立刻改变了计划，造起哥特式教堂来了。1613 年教堂完工，历时约 300 年。

教堂用德国南部特有的红色砂岩建成，这种石材当时象征着尊贵地位。教堂的主塔和科隆大教堂的主塔同高，都是 116 米。下面的 70 米有楼梯可入，上面的 46 米就是镂空的塔尖。

弗莱堡大教堂是少有的在中世纪就完工的哥特式大教堂。它的幸运在于，为教堂修建出资的不是王侯，也非富有的主教，而是弗莱堡市民。主要资金来自于几个方面：银矿业的收入、富裕市民的捐助、出售赎罪卷，还有行会和个别市民的捐献。矿业主和捐助者组成了专门机构，监督教堂的建造，所以工程进度来得快。1330 年主体建筑和高塔已经建成，接下来 150 多年做了内装修，1513 年落成。从此日升月落，教堂的镂空高塔传诵着上帝的光芒，庇护着这个城市。

　　教堂从不忘本，在大门一侧的墙壁上刻上了历代市场必须遵循的度量尺寸标准，有线段、方框，还有椭圆和圆，表示面包的直径大小等，谁敢弄虚作假就拉到教堂前面来对照尺寸。这其实应该就是现在菜市场里公平秤的先祖。

　　1944 年 11 月 27 日，当盟军的飞机轰炸弗莱堡时，整个老城几乎全部被毁，但是大教堂却完好无损地保存了下来，好像有在天之灵保佑似的。

弗莱堡大教堂

施派尔大教堂 *（德国）*

施派尔大教堂，即"施派尔皇帝教堂"，位于德国莱茵兰－普法尔茨州莱茵河畔的城市施派尔，是天主教施派尔教区的主教座堂，用红色砂岩建造，是施派尔市的著名标志。在法国的克鲁尼修道院损毁之后，施派尔大教堂成为目前世界上存留最大的罗马式教堂建筑。1981 年入选联合国教科文组织的世界文化遗产名录。

法兰克尼亚王朝（萨利安王朝）的德意志国王和神圣罗马帝国皇帝康拉德二世在 1030 年下令建造施派尔大教堂，目标是建立一座欧洲最大的教堂。但是他甚至是他的儿子亨利三世都没能亲眼目睹大教堂的完工，直到他的孙子亨利四世时的 1061 年大教堂才得以交付使用。传说康拉德二世先是为 Bad Dürkheim 的 Limburg 修道院奠基，然后带着他的妻子和

施派尔大教堂

儿子骑马来到施派尔为大教堂和圣约翰教堂奠基。为了将建造大教堂所需的石料和木材运送到施派尔，还特意挖凿了一条从普法尔茨森林通往莱茵河的运河。

大教堂动工将近 20 年后，亨利四世下令推倒了其中一半的建筑，为的是能够实现比原先设计更大的规模：教堂的西楼楼顶被拆除，建筑增高了 5 米，并根据当时的罗马式建筑风格，将木质平顶换成了浅色的十字形穹窿。教堂的东楼则被完全拆除，重新铺设了 8 米深的地基，东楼的钟楼穹窿是当时典型的罗马样式。在亨利四世去世的 1106 年新教堂终于竣工，大教堂长 444 罗马尺（1 罗马尺约合 31～34 厘米），宽 111 罗马尺，是当时世界上最大的建筑。

施派尔大教堂在罗马式建筑中具有重要地位，因为它继承和发展了卡洛林和奥托的建筑风格。教堂的侧翼使用十字形的窟窿，中殿使用圆形的窟窿，给人一种全新的空间感受。而教堂的外部则采用了独特的罗马样式装饰。

施派尔大教堂曾是德国国王埋葬的地方，持续有近 300 年。大教堂的地下墓室建造于 1041 年，是欧洲最大的罗马式柱廊，42 个十字形穹窿简单地架在立方柱子上。

施派尔大教堂

亚琛大教堂 （德国）

　　亚琛大教堂（Aschen Cathedral）位于德国最西部的历史古城亚琛，邻近比利时、荷兰边境，是著名的朝圣地。这座八角形的建筑物融合了拜占庭式和法兰克式的建筑风格的精髓，是加洛林时代的代表性建筑。

　　公元796年查理曼大帝与教皇结盟，征服萨克森人，灭伦巴第王国，并巴伐利亚，远征比利牛斯山以南的阿拉伯人，并设立潘诺尼亚边区和西班牙边区，由罗马教皇加冕称帝，号为"罗马人的皇帝"。当时帝国版图几与昔日西罗马帝国等同，势力臻于强盛。785年，查理曼大帝下令著名建筑师奥多建造宫廷教堂，建成后成为王宫建筑群的中心，即遗留至今的亚琛大教堂。805年亚琛大教堂定为主教教堂。15世纪又增建了哥特式祭坛。近150年来又多次进行大规模修复，但教堂外表的砖石在长期的大气污染下受到损害，教堂中世纪的基础结构也出现了某些风化现象。

　　奥多建造这座教堂时，把欧洲晚期古典主义建筑艺术和拜古庭建筑艺术糅合在一起，使教堂成为一座风格独特的伟大建筑。

　　整座建筑物为加洛林式的八角形建筑，装饰华丽，整个内部结构以圆拱顶为主要特色，是中世纪拱顶建筑最著名的杰作。中世纪基督教文化中，西部的"加洛林王朝"和东部的"拜占庭帝国"属于两种类型。加洛林艺术更为粗扩、简洁，煊赫一时并号称崇尚文化的查理曼大帝虽只能读懂日尔曼文和拉丁文，但他较为通情达理，在"破坏圣像运动"波及西部时，查理曼大帝虽也反对"偶像礼拜"，却鼓励

亚琛大教堂

用艺术形象进行装饰，包括教堂中的壁画也同样对待，这对于基督教
文化的发展无疑提供了契机。殿内陈列着罗马帝国菲特烈一世赠送的
烛台。走廊里放着查理大帝的大理石宝座。唱诗班席里存放着查理大
帝的金圣物箱，里面有他的遗物。1215 年建成的查理曼教堂内的石
墓置有查理大帝之遗骸。此外，教堂内还藏有不少名家制作的宗教艺
术品，它们都是价值连城的艺术珍品。其中有 8 世纪福音书手抄本上
的画像《圣·路加》和 9 世纪一部手抄本上的《圣·马可写经图》
等，这些画像反映出中世纪早期绘画在人物刻画上的幼稚状态，但也
显示了独有的（与拜占庭不同的）民族、民间的特色。按照图案装饰
需要而造型的人物，类似原始部落中的偶像，但用了很均齐的圆线求
得高度的平衡和对称，不逊色于希腊古典的瓶画和敦煌壁画，创造出
想象中的"人"（神）代表物而非生活中的人物，表达出基督教的
"神圣激情"。

　　亚琛大教堂建成后，就被人们视为奇迹而加以膜拜，同时也表达了

亚琛大教堂内部

西方皇帝试图与东方罗马帝国的皇帝平起平坐、分庭抗礼的愿望。大教堂是一件艺术杰作，对古典主义之后形成并繁荣起来的新文化之发展，起了决定性的作用。直到中世纪晚期，许多皇家建筑都采用了它的模式，在宫廷内建造教堂，成为宗教与政治合一的权力象征。亚琛大教堂1978年被列入世界遗产名录。

科隆大教堂（德国）

　　科隆大教堂（Cologne Cathedral）为德国最大的天主教堂，是世界著名的教堂之一，也是世界上最高的教堂之一。位于德国科隆市中心。科隆大教堂以轻盈、雅致著称于世，成为科隆城的象征。科隆市坐落在美丽的莱茵河畔，公元前 38 年在这里建立了古罗马要塞，11 世纪归属日尔曼帝国。马克思和恩格斯曾在此创办《新莱茵报》。其位居欧洲东西和南北交通要冲，是巨大的水陆交通枢纽。在第二次世界大战中，科隆市作为盟军反攻的重要目标在大轰炸中受到严重破坏，但科隆大教堂却幸存于世。在现代化的大都市中，高楼鳞次，宏塔栉比，多么宏伟的建筑也难引人驻足，但在硝烟依稀的一片瓦砾场上，猛然望见一座高大的完整无损的教堂，人们只会惊诧于自己的感官，对自己的眼睛表示怀疑，是不是横飞的弹片和隆隆的轰鸣使神经受到了损伤，是海市蜃楼还是心灵幻影，但一切都是事实，战神似乎是对人间圣物也有所偏爱，或许是要昭示世人。

　　科隆大教堂是中世纪欧洲哥特式建筑艺术的代表作，也可以说是世界最完美的哥特式教堂建筑，与巴黎圣母院大教堂和罗马圣彼得大教堂并称为欧洲三大宗教建筑。1248 年在卡罗林王朝希尔德博尔德大堂的遗址上开始兴建，1560 年堂内大厅基本竣工。德国宗教改革后停建。1842 年在德国建筑师弗里德里希·茨维尔纳主持下继续修建，直到 1880 年最后建成，历时 632 年。大教堂占地达 8000 平方米，其中有效

科隆大教堂

面积约 6100 平方米。教堂中央是 2 座与门墙砌在一起的双尖塔，高 161
米，是欧洲最高的尖塔。教堂中殿长 135 米，宽 86 米（包括耳堂），高
62 米。内分 5 个礼拜堂，中央大礼拜堂穹顶高 43 米，堂内设有整齐的
席位，供神职人员所用的座位就有 100 多个。教堂内四壁上方安装了
10000 多平方米的窗子，全部用彩色玻璃镶嵌出《圣经》故事图案。在
阳光照射下，图案绚丽多彩，故事引人入胜。教堂内有以圣母玛利亚和
耶稣的故事为题材的石刻浮雕，使厅堂分外肃穆。唱诗班回廊的宗教
画，是 15 世纪早期科隆画派杰出画家斯蒂芬·洛赫纳的作品。在科隆
大教堂中，11 世纪德国（日尔曼）奥托王朝时期的木雕《十字架上的
基督》作为哥特艺术的先导对后世的雕刻产生了重大影响。木雕真实而
感人，表现的不是一个庄严的神王，而是一个真正的受难者的形象：耶

稣消瘦的面容表现出经过挣扎之后，他的生命濒于衰竭；胸肌和腹部下垂的沉重之感，更强调了悬钉在十字架上的难于忍受的痛苦。这一杰作也由于科隆大教堂的幸存而传世。

科隆大教堂里收藏着许多珍贵的艺术品和文物。其中包括成千上万张当时大教堂的设计图纸，成为研究中世纪建筑艺术和装饰艺术的宝贵资料，还有从东方去朝拜初生耶稣的"东方三圣王"的尸骨，这里还有最古老的巨型圣经以及教堂内外无数的精美石雕。

大教堂的双尖塔直插云天。在月光里，淡蓝的天光洁如镜，只有 2 条细长的影子映在上面，如同人间与天堂之间仅有的通路，又似人类在祈祷的一双手臂。宽大的教堂里矗立着一行行的大石柱，高的 148 英尺（1 英尺＝0.3048 米），低的也 60 英尺，可双臂合抱。人走在其中，有

科隆大教堂的雕塑

如走在石化的大森林里，与凡尘世界相隔绝，顿生渺茫之感。塔下回廊曲折，从廊中向下看，教堂中来回走动的人有如蚁虫，小得可怜，反觉自身高得可怪，种种暇思联翩。教堂四周林立着无数座小尖塔，与双尖高塔相呼应。教堂的钟楼上，安装着 5 座响钟，其中 24 吨的圣彼得钟最大。响钟齐鸣时，洪亮深沉。大教堂前现建有"教堂平台"，成为举行礼拜仪式和各种聚会的场所。每到夜晚，安装在四周各建筑物的聚光灯向教堂射出一束束光柱，使得科隆大教堂显得既雄伟壮观，又神奇莫测。

1996 年，科隆大教堂被列入世界文化遗产名录。

圣玛利亚修道院（意大利）

圣玛利亚修道院位于意大利伦巴底大区米兰市圣玛利感恩广场内。由米兰建筑师索拉里兄弟于 1463 年开始修建。后来米兰公爵卢多维科·斯福尔札想在教堂安置自己和妻子之墓，准备扩建修道院。公爵找来了当时 28 岁的画家达·芬奇与另一位米兰建筑师布拉曼特一同设计。建筑师布拉曼特将修道院后部的半圆顶窟窿拆除，改建为一个高大的圣坛，另建有餐厅、圣器室和方形回廊。而达·芬奇则在 1495～1497 年间在餐厅在北墙绘制了《最后的晚餐》。这幅画，达·芬奇至少用了 20 年的时间起草，真正开始绘画到完成，则只用了 3 年时间。它成为整个建筑群体中的极品，画面长 8.85 米，高 4.97米，上方有 3 个半圆天窗，中

圣玛利亚修道院

间一个最大天窗由卢多维科的王徽装饰，因为这幅画是他委托达·芬奇画的。《最后的晚餐》描绘的是耶稣被钉于十字架的前一晚，与 12 名门徒共进晚餐的情景。画的颜料是达·芬奇自己发明的，是一种油彩与蛋彩的混合颜料，而非中世纪时期广被运用的湿壁画颜料。此颜料因混合了有机物，据知是鸡蛋与牛奶，而且达·芬奇涂的很薄，导致《最后的晚餐》在 50 年后就因湿气而开始严重剥落，修道院费尽心力修补此画多次。

1652 年，修道院在墙上开了一道小门，因此将画中耶稣与 3 个门徒的脚给截去了。

1796 年，拿破仑占领米兰，修道院被军方占用，据记载该厅被用来当做马房。

1943 年，第二次世界大战期间，米兰遭受猛烈的轰炸，所幸修道

圣玛利亚修道院

院并没有被完全摧毁。为保护画作，军方与人民以沙包、钢架、木板将整面墙做了严密的保护。战后修复了倾倒的其他屋体之后，才重新公开此画。

1982年，意大利成立修复小组，并在奥利外提公司的资助下，开始用科学仪器辅助清洗并修补《最后的晚餐》，直到1999年3月才重新公开展示此画。

《最后的晚餐》内容取自《马太福音》第二十六章犹大出卖耶稣的故事。在达·芬奇之前，已有许多画家描绘过这一题材，但是都存在着某些不足，如对人物刻画缺乏心理冲突、故事的戏剧性展开不够生动等。达·芬奇的《最后的晚餐》，与以往同类题材的作品最大的不同是：画家不是单纯地在描绘一个宗教故事，而是借用这一宗教题材来提示善与恶的斗争，暗喻当时社会光明与黑暗的斗争，具有积极的社会现实意义。

与达·芬奇《最后的晚餐》相对的一幅壁画是同时代的意大利画家蒙都凡诺作于1495年的《耶稣受难》。它置于餐厅的另一端。

圣玛利亚修建院于1980年列入世界遗产名录。

圣维塔尔教堂（意大利）

　　圣维塔尔教堂位于意大利腊文纳，于公元 526 年开始兴建，547 年建成。公元 540 年，东罗马帝国皇帝查士丁尼占领腊文纳这个东哥特王国的首都，试图把腊文纳建成东罗马帝国在西方的中心，因而圣维塔尔教堂也就成了查士丁尼的皇家教堂。

　　圣维塔尔教堂是拜占庭建筑早期作品的典

圣维塔尔教堂

型，是以内部宽广而著称的，可是从外表上看并不出众：一个八面形的主体建筑被普通的垂直与水平的拉刮线脚所划分。主体建筑是一个经过雕琢的鼓座。教堂的内部设计也较复杂，其穹顶由中央的 8 个墩支撑

《查士丁尼和群臣》

着。圆厅周围有 2 层绕道，绕道的第二层有上敞廊。在半圆室与通道相
连，绕道则被切断，而通道也围绕 2 层连续券。半圆室开有 3 个窗子，
在圆厅的 8 个墩子间和所有空隙都有 2 层连续券。这些连续券的平面布
局有一个特点，即连续券是按照突出到教堂外墙的弧线相配的。这就取
得了一种惊人的空间效果，当参观者一进入教堂，立刻就看到突出到圆
厅外面的高耸的连续券所形成的广阔空间。从教堂的中心看去，连续券
好像是处在墩与外墙之间的又一个支撑圈，从而扩大了室内的视域。墩
的造形也加强了空间效果，观众感觉不到墩的体积。墩向外墙部分的宽
面被分割成 3 个部分，向圆厅的窄的一面形成三角形的凹面。因此观众
看不到每一面的透视角度。每一角落都进行了装饰，篮状柱头上刻着精

细的透孔花纹，极富装饰美，面料为大理石，加上镶嵌画和各种装饰，内部显得极其华贵，给教堂带来了神奇氛围。

在教堂的主祭坛上方是镶嵌画《荣耀基督》，两旁是表现皇室参拜的镶嵌画，一边是《查士丁尼和群臣》，一边是《皇后多拉和女官》。这些画都有很强的装饰性，人物被不成比例地拉长，但显得非常肃穆、庄严，色彩和明暗变化被提炼到最纯粹、最简洁的程度，丝毫不强调气体感，仿佛面对的不是活生生的人，而是抽象的精神符号，被后世认为是拜占庭艺术中镶嵌画的代表。

圣弗朗西斯科大教堂（意大利）

圣弗朗西斯科教堂位于意大利的阿西西古城，是中世纪时期意大利的著名建筑。这是一座用大理石造的美丽宏伟教堂，也是阿西西第一座平民教堂。教堂依山而建，规模很大，有开阔的庭院和气派的长廊，结构也非常精巧复杂。它实际上是上下 2 个教堂组成的，一个盖在另一个上面。下层建于 1228～1230 年，下堂为圣徒弗徒弗朗西斯科下葬的地

圣弗朗西斯科大教堂

方，为罗马式穹棱风格；上堂具有肋状穹隆及尖状穹隆，并带有花格窗饰。上层教堂建于1230～1253年。复杂的结构让这座教堂横看成岭侧成峰，从每个角度看感觉都不同。

上下堂均有乔托、洛伦米、皮萨诺等著名画家绘制的许多宗教壁画。其中乔托等绘制的有关于圣弗朗西斯科生平故事系列和《圣经》故事系列的壁画尤为珍贵。

中世纪意大利的圣徒圣弗朗西斯科（意大利文"San Francesco di Assisi"，英文"Saint Francis of Assisi"），也译作圣方济各，又称阿西西的圣方济各，生于1182年意大利阿西西，卒于1226年10月3日。他创建了天主教圣方济会（又称"小兄弟会"），是动物、商人、天主教教会运动以及自然环境的守护圣人。

圣弗朗西斯科去世之后，阿西西的人为尊崇他，到各地募集捐款，在他死后两年的1228年开始建造圣弗西斯科教堂，1253年才全部完工。

圣弗朗西斯科教堂曾经遭到两次地震的严重破坏。为了能让教堂恢复往日的容貌，当地人不仅在地震发生后耐心地清理出成千上万块瓦砾，而且后来还请来了建筑修复专家，并结合最新的计算机技术解决工作中的难题。为了保证对艺术作品的真实再现，意大利文化遗产部还对参与教堂修葺的工作人员提出了严格的要求。意大利文化遗产部部长罗科·布蒂廖内表示："在重建受损部分时，你不能莽撞行事，必须忠实原艺术作品，唯有如此，它才能保持那种'氛围'，那种精神上的饱满。"

2000年，圣弗朗西斯科教堂被列入世界文化遗产目录。它的入选评语是："阿西西古城的圣弗朗西斯科教堂及其他的圣方济各遗迹是人类非凡创作力的艺术结晶，为欧洲乃至世界艺术奠定了基础。""阿西西的圣弗朗西斯科教堂是宗教建筑的杰出典范，对建筑艺术发展史产生了重大的影响"。

佛罗伦萨大教堂（意大利）

佛罗伦萨大教堂又名圣母百花大教堂（Basilica di Santa Maria del Fiore），位于意大利佛罗伦萨城中。教堂建筑群由大教堂、钟塔与洗礼堂构成。登上教堂北侧 1463 级台阶到达圆屋顶，可以俯瞰佛罗伦萨老城区的街景。

洗礼堂位于大教堂西边数米，7 世纪即已建成，11 世纪改建成现在的模样。为白色八角形罗曼式建筑。佛罗伦萨的孩童均在此受洗，包括但丁、马基雅弗利等名人。洗礼堂 3 扇铜门上刻有《旧约》故事的青铜浮雕，其中 2 扇为吉伯提所作，被米开朗基罗赞为"天国之门"。

钟塔高 85 米，最初于

乔托钟塔

1334 年由大画家乔托（吉奥陀）设计并监工，因此俗称"乔托钟塔（吉奥陀钟楼）"。属哥特式建筑，由 6 层方型结构向上堆叠成柱形，外墙铺白色大理石，纯净优雅。

大教堂于 1296 年奠基，1347 年秋天爆发黑死病迫使工程中断。1367 年由全民投票决定在教堂中殿十字交叉点上建造直径 43.7 米，高 52 米的八角形圆顶。1418 年佛罗伦萨市政府公开征集能够设计并建造大圆顶的方案。精通罗马古建筑的工匠菲利波·布鲁涅内斯基胜出，成为总建筑师。在建造拱顶时，布鲁涅内斯基没有采用当时流行的"拱鹰架"圆拱木架，而是采用了新颖的"鱼刺式"的建造方式，从下往上逐次砌成。大教堂于 1436 年 3 月 25 日举行献堂典礼，当教皇看到这座教堂那个古典艺术与当时科学完美结合的圆顶时，也不由得惊叹为"神话一般"。百年之后，米开朗基罗在罗马圣彼得大教堂也建了一座类似的

花之圣母大教堂

大圆顶，却自叹不如："我可以建一个比它大的圆顶，却不可能比它的美。"

大穹顶内部为 16 世纪佛罗伦萨画家乔尔乔·瓦萨里（Giorgio Vasari）所绘巨幅天顶画《末日审判》。

中殿北墙上有乌切利（Paolo Uccello）所绘《乔凡尼·阿古托纪念碑》和为纪念但丁诞辰 200 年所绘的《但丁与神曲》（1465 年）。

这座使用白、红、绿三色花岗贴面的美丽教堂将文艺复兴时代所推崇的古典、优雅、自由诠释得淋漓尽致，难怪会命名为"花之圣母"。

1982 年，大教堂作为佛罗伦萨历史中心的一部分被列入世界文化遗产。

圣马可大教堂（意大利）

　　圣马可大教堂矗立于威尼斯市中心的圣马可广场上，因其中埋藏了圣徒马可而得名。始建于公元 829 年，重建于 1043～1071 年。它曾是中世纪欧洲最大的教堂，是威尼斯建筑艺术的经典之作，它同时也是一座收藏丰富艺术品的宝库。教堂建筑整合了东西方建筑艺术特色。它原是一座拜占庭式建筑，15 世纪加入哥特式的装饰，如尖拱门；17 世纪又加入了文艺复兴时期的装饰，如栏杆；5 座圆顶来自土耳其的圣索菲亚教堂；正面华丽的装饰源自拜占庭风格；而整体建筑结构又呈希腊式的十字形设计。可以说，教堂为融拜占庭式、哥特式、伊斯兰式、文艺复兴式各种流派于一体的综合艺术杰作。

　　圣马可大教堂是威尼斯的骄傲，是基督教世界最负盛名的大教堂之一，是第四次十字军东征的出发地。威尼斯的荣耀、威尼斯的富足，当然，还有威尼斯的历史和信仰，尽在于此。大教堂重建于 11 世纪，以后时有增修。今天，大教堂是东方拜占庭艺术、古罗马艺术、中世纪哥德式艺术和文艺复兴艺术多种艺术式样的结合体，结合得和谐，结合得协调，美不胜收，无与伦比。大教堂有 5 个圆圆的大屋顶，这是典型的东方拜占庭艺术，但供奉的却是一个西方的圣人。大教堂内外有 400 根大理石柱子，内外有 4000 平方米面积的马赛克镶嵌画。每天从世界各地来瞻仰和欣赏大教堂的人成千上万。

　　圣马可教堂不仅是一座教堂而已，它也是一座非常优秀的建筑，

圣马可大教堂

同时是一座收藏丰富艺术品的宝库。它融合了东、西方的建筑特色。从
外观上，它的五座圆顶据说是来自土耳其伊斯坦堡的圣索菲亚教堂；正
面的华丽装饰是源自拜占庭的风格；而整座教堂的结构又呈现出希腊式
的十字形设计，这些建筑上的特色让人惊叹不已。

教堂的正面长51.8米，5个入口及其华丽的罗马拱门是陆续完成
于17世纪，在入口的拱门上方则是5幅描述圣马可事绩的镶嵌画，分
别是"从君士坦丁堡运回圣马可遗体"、"遗体到达威尼斯"、"最后的审
判"、"圣马可神话礼赞"、"圣马可进入圣马可教堂"等五个设计师主
题，金碧辉煌非常的耀眼。

教堂的内部，从地板、墙壁到天花板上，都是细致的镶嵌画作，其
主题涵盖了十二使徒的布道、基督受难、基督与先知以及圣人的肖像

等，这些画作都覆盖着一层闪闪发亮的金箔，使得整座教堂都笼罩在金色的光芒里，教堂又被称为"金色大教堂"。

中间大门的穹顶阳台上，耸立着手持《马可福音》的圣马可雕像，6尊飞翔的天使簇拥在雕像下。入口处的上部有4座青铜马像（复制品），真品现在收藏在教堂内，这是公元前4世纪的青铜驷马，威尼斯人在1204年掠夺自君士坦丁堡，虽然曾被拿破仑带回巴黎，但后来又回到了威尼斯。圆形天花板上的镶嵌画是从圣经旧约全书中取题的。

教堂内殿中间最后方是黄金祭坛，祭坛之下是圣徒马可的坟墓。祭坛后方置有高1.4米、宽3.48米的金色围屏，屏面上有80多幅描绘耶稣、圣母、门徒马可行事的瓷片，在这个画面上共有2500多颗钻石、红绿宝石、珍珠、黄玉、祖母绿和紫水晶等珠宝来装饰；中央的圆顶是一幅耶稣升天的庞大镶嵌画，是由一群威尼斯非常优秀的工匠在13世纪完成的。这座伟大的教堂在1807年之前一直是威尼斯总督的私人礼拜堂。

教堂右端的珍宝馆陈列着120年十字军东征时带回来的东方战利品。为了丰富这间"圣马可之家"，从1075年起，所有从海外返回威尼斯的船只都必须向这里交纳一件的艺术珍品。所以，这间珍宝馆收藏了丰富的来自世界各地的艺术珍品，圣马可大教堂也因此而成为了举世闻名的博物馆。

圣彼得大教堂（意大利）

　　圣彼得大教堂（Basilica di San Pietro）为梵蒂冈的教廷教堂，世界天主教会的中心，是世界最大的教堂。位于意大利首都罗马西北郊的梵蒂冈城。公元4世纪，君士坦丁大帝承认基督教，为纪念使徒圣彼得，于326年在圣彼得墓地上建造了一座小教堂，即老圣彼得教堂。16世纪，教皇朱利奥二世决定重建，于1506年将老教堂拆毁，在原址上重新建造圣彼得大教堂。大教堂于1626年完工，历时120年。重建后的大堂长212米，宽137米，中殿高46米，圆顶直径42米，其上十字架顶尖离地137米，面积为15000平方米，可容纳数万人。教堂平面呈纵长十字形，横向3跨，于十字形交叉处上覆穹窿圆顶，其下为高圣坛，地下保存着圣彼得的圣骨匣。

　　圣彼得大教堂的设计和建造正值意大利文艺复兴时期，当时许多著名建筑师和艺术家参加了这项工程。勃拉芒特、拉斐尔、小桑迦洛、米开朗基罗和贝尔尼尼等大师先后主持过建造。最初由勃拉芒特负责设计大堂主体，其设计为正十字形，正中覆盖大穹窿圆顶，四角各有1个小穹窿圆顶；大圆顶的鼓形座上部围筑一围柱廊。勃拉芒特死后，由拉斐尔、乔康和桑迦洛等负责继续建造。他们将教堂平面改为纵长十字形，其横向由柱墩分隔为3跨。此后，小桑迦洛和米开朗基罗又先后任总建筑师。小桑迦洛恢复了勃拉芒特的平面设计，在新教堂和当时仍在使用的老教堂之间建了隔墙。米开朗基罗基本完成了大穹窿顶的鼓座。米升

朗基罗去世后，由波尔塔和丰塔纳主持修建。教皇西克斯图斯五世
（1585～1590 年在位）时，穹窿圆顶得以完成。教皇格里高利十四世
（1590～1605 年在位）时，老教堂被拆除，建成了新的高圣坛。教皇保
罗五世（1605～1621 年在位）采纳了马代尔诺的设计方案，将教堂平
面向东伸展为纵长十字形，基本完成教堂主体。大教堂主体完工后，贝
尔厄尼设计并兴建了巨大的巴洛克式椭圆形圣彼得广场。

　　圣彼得大教堂的正门两侧，立有拿着钥匙的圣彼得雕像和手持宝剑
的圣保罗雕像。大教堂内有众多的著名雕刻和绘画作品，其中有文艺复
兴初期著名画家乔托的作品《小帆》，画面是耶稣门徒乘坐小船，与风
浪搏斗、颠簸前进的情景。米开朗基罗的名作《圣母哀悼基督》，具有

圣彼得大教堂

强烈的感染力。圣母玛利亚右手怀抱着受难后的耶稣，垂首凝目，悲痛至极。《圣母哀悼基督》是米开朗基罗雕刻风格和艺术成就的代表作。贝尔尼尼创作的雕塑《圣水钵》，表现了两个可爱的小天使各捧贝壳状钵体的生动形象。贝尔尼尼的雕刻代表作《圣德烈萨的祭坛》，以被天主教会封为圣女的16世纪西班牙修女德烈萨为人物原型。圣女德烈萨面对一个小爱神模样的天使，天使手持金箭刺来，表现出一种强烈的灵与爱结合的精神。坎比欧创作的《彼得》青铜雕像栩栩如生，其光滑的右脚任凭信徒们亲吻。教堂大厅中央有一座金色华盖，由贝尔尼尼设计建造。华盖高29米，由4根螺旋形金色铜柱支撑，铜柱饰以金色葡萄枝和桂枝，枝叶间有无数小天使在攀援。华盖内是一只展翅翱翔的金鸽。华盖之下是耶稣门徒彼得的陵墓。梵蒂冈教廷的许多重要活动曾在这时举行，如教皇加冕仪式、会议、颁发通谕等。

大教堂前的圣彼得广场略呈椭圆形，路面由黑色小方石块铺砌而成。广场的环形回廊由4排共284根古希腊式圆形大石柱组成，石柱顶部立有人物雕像。广场中央为一座顶端立有十字架的方尖石碑，两侧各有喷泉水池加以点缀。石碑原是罗马皇帝卡利古拉为装饰皇宫旁的圆形广场，远从埃及运来的，后教皇西克斯图斯五世下令将石碑移至圣彼得广场。整个广场以方尖石碑为中心呈向外辐射之状，更显出圣彼得广场宏大、豪放的气势。

米兰大教堂 （意大利）

米兰大教堂（Church of Duomo）为意大利著名的天主教堂，又称"杜莫主教堂"，位于意大利米兰市中心，规模居世界第二。

米兰位于阿尔卑斯山南麓奥隆那河畔，是一座历史悠久的古老名城，是意大利的第二大城市。它始建于公元前 4 世纪，至今已有 2000多年的历史。到公元 395 年，成为西罗马帝国的教城。米兰是中世纪早期意大利境内兴起的独立的城市共和国之一，公元 1158 年和 1162 年在同神圣罗马帝国的两次战争中，整个米兰城几乎全部毁坏，断垣残壁，满目疮痍。到了 14 世纪后半叶，米兰又成了米兰国的首都。公元 1796年，米兰城被拿破仑占领，次年被建为米兰共和国的都城，一直到公元1861 年并入意大利王国。

米兰大教堂亦称圣母降生教堂，是意大利最大的哥特式主教堂，有"米兰的象征"之美称。主教堂始建于 1386 年，由米兰公爵吉安·维斯孔蒂主持奠基。1813 年教堂的大部分建筑完工。至 1965 年教堂正面最后一座铜门被安装，才算全部竣工。主教堂呈拉丁十字形，长 150 米，宽 55 米，是哥特式建筑的典范。德国、法国、意大利等国建筑师先后参与主教堂设计，汇集了多种民族的建筑艺术风格，德意志风格影响尤为显著。主教堂用白色大理石砌成，是欧洲最大的大理石建筑之一，有"大理石山"之称。主教堂正面有 6 组大方石柱和 5 座大铜门，铜门重达 37 吨。每座铜门上分有许多方格，每个方格内雕刻着教堂历史、神

米兰大教堂

话与圣经故事。方石柱上刻有几十幅大型浮雕和上百个人物像。教堂顶部建有 135 座哥特式大理石尖塔,中央尖塔高 108 米,塔顶上有一座高 4.2 米的圣母玛利亚铜像,铜像身裹金页片,闪闪发光。尖塔之林直立挺拔,给人以飞腾升华、超脱尘世之感。整座教堂共有白石雕像 6000 多座,其他各种雕像 6000 多座,各种雕像千姿百态。教堂人厅内,4 根巨大圆柱和 62 根较小圆柱支撑着重达 1.4 万吨重的拱形屋顶。传说屋顶藏有一枚钉死耶稣的钉子,教徒们为纪念耶稣,每年要取下钉子朝拜 3 天。当时著名的科学家和画家达·芬奇为取送这枚钉子而发明了升降机。教堂大门内的日晷建于 1786 年,每天中午阳光由屋顶上的小洞

射入，正好落在地面上固定着的金属嵌条上，随着地球的旋转，阳光的移动，一年四季均可准确指每天的中午时刻，被称为"太阳钟"。大厅两侧有 26 扇大玻璃窗，全部用五彩玻璃拼缀，绘有圣经故事。主教堂面积 1.17 万平方米，可容纳数万人。1805 年拿破仑宣布他兼任意大利国王时，曾在这里加冕。主教堂内藏有许多艺术珍品，还有米兰名人的陵墓。

教堂前是著名的大教堂广场，这是米兰市的中心。广场中间有埃曼纽尔骑马雕像。雕像四周有无数的鸽子在悠闲踱步，任人喂食、观赏。由于这座教堂十分著名，除教徒之外，每天游客比肩接踵。为了方便参观，这座古建筑进门处设有许多部电子解说装置，有荧光屏幕显示，只要投入少量硬币，便可观看彩色幻灯，意、英、法、德、西班牙五种语言随意选择，为不同国家的访游者提供良好服务。在教堂不远，有一个全部用彩色玻璃顶棚覆盖的十字街口，称作爱玛努埃莱二世夜廊，建造于公元 1865～1877 年间，全长 196 米、宽 105 米、高 47 米，是米兰的商业中心之一，这里有各种商店、书店、餐馆，出售很多民间工艺品、美术画片等，到大教堂来的游客们可以顺便到此休憩、进餐和购物，十分方便。

比萨大教堂（意大利）

　　比萨大教堂（Pisa Cathedral）是意大利罗马式教堂建筑的典型代表。位于意大利比萨。大教堂始建于1063年，由雕塑家布斯凯托·皮萨谨主持设计。教堂平面呈长方的拉丁十字形，长95米，纵向4排68根科林斯式圆柱。纵深的中堂与宽阔的耳堂相交处为一椭圆形拱顶所覆

比萨大教堂

盖，中堂用轻巧的列柱支撑着木架结构屋顶。大教堂正立面高约 32 米，底层入口处有 3 扇大铜门，上有描写圣母和耶稣生平事迹的各种雕像。大门上方是几层连列券柱廊，以带细长圆柱的精美拱圈为标准逐层堆叠

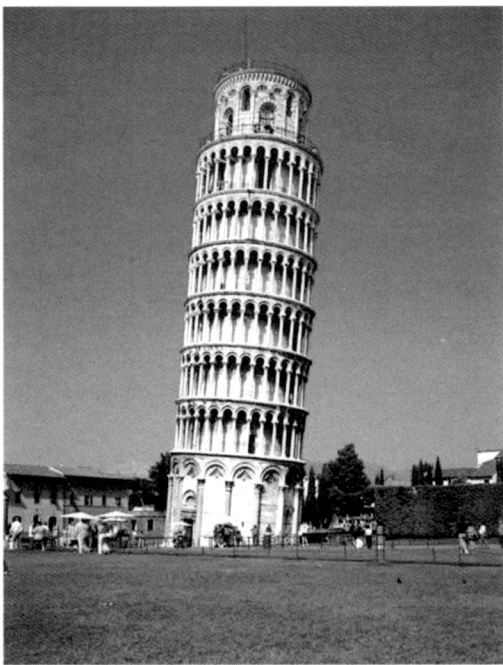
比萨斜塔

为长方形、梯形和三角形，布满整个正面。教堂外墙是用红白相间的大理石砌成，色彩鲜明，具有独特的效果。教堂前约 60 米处是一座洗礼堂，始建于 12 世纪，其布道坛可追溯到 1260 年。洗礼堂为圆形，直径为 39 米，总高 54 米，建筑风格仍为罗马式；圆顶上立有 3.3 米高的施洗约翰铜像。洗礼堂内有雕刻家尼古拉皮沙诺创作的雕塑《诞生》，其主题是耶稣降生时的情景。画面中圣母玛利亚侧卧其间，下面的羊群喻意着耶稣降生是来救赎民众——迷途的羔羊的。

　　举世闻名的意大利比萨斜塔，位于比萨主教堂圣坛东南 20 余米处。1173 年开始 8 月建造，是作为主教堂钟楼而设计的。原设计为 8 层，高 56 米。但由于设计者忽略了地质情况，结果塔在砌到第三层时，开始出现倾斜现象，虽采取了补救措施，如加大基础，分散重力，增大张力，但仍无济于事。1350 年塔建好时，塔顶已与地面垂线偏离 2.1 米，因而以斜塔闻名于世。1590 年，伟大的物理学家伽利略在比萨斜塔上做了著名的自由落体实验，推翻了希腊学者亚里士多德的"不同重量的

物体，落地的速度也是不同的"定律。从此，比萨斜塔闻名全球，成为比萨城的象征，也是比萨人的骄傲与光荣。斜塔用大理石建造，圆形建筑，直径 16 米，重 1.42 万吨。全塔仍为 8 层，从底层到顶层分布数量不同的圆柱，并有 213 个拱门位于塔的各处。塔顶为钟亭。由螺旋楼梯可从底层直上塔顶。20 世纪以来塔身倾斜加重，至今已经偏离垂线 5.2 米，为此引起了全世界的注意。意大利政府也于 1972 年向世界各国建筑学家征求保护方案，收集到 900 多个方案。1978 年成立了抢救比萨斜塔委员会，决定固塔工程采用"控制性沉降"的方案，使塔基地下土层受控沉降，将塔身恢复到一个安全的斜度。按照工程计划，首先在塔基北部地面分批安放 670 吨铅锭，以制止塔身继续向南倾斜，到 1993 年已经放置了 140 吨铅锭。经技术委员会现场测量，加荷措施已初见成效，塔身奇迹般地挺直了几毫米，已恢复到两年前的斜度，塔体关键部位负荷不断加剧的情况也有所改观。这座摇摇欲倾的斜塔与比萨大教堂相映生辉，每年吸引着成千上万的各国游客。

　　1987 年，比萨大教堂被列入世界文化遗产名录。

西斯廷礼拜堂（意大利）

西斯廷礼拜堂（Sistine Chapel）为梵蒂冈宫的教皇礼拜堂，位于意大利首都罗马市西北郊的梵蒂冈城，与圣彼得大教堂为邻。该堂始建于1475年，1481年竣工。原为教皇个人的祈祷所，故有"西斯廷小教堂"之称。礼拜堂长40米，宽14米，堂内没有柱子，为长方形砖石建筑物。侧墙的高处有6扇半圆拱形窗户，房顶呈穹窿形状，其面积近600平方米。

西斯廷礼拜堂因集中了意大利文艺复兴时期的绘画艺术精华而闻名于世，包括米开朗基罗、拉斐尔、波提切利等著名艺术大师的作品。堂内祭坛两侧墙壁各有6幅壁画，由平图里乔、佩鲁吉诺、波提切利、科西莫·罗赛利、西尼奥利等名家创作。南墙上的摩西组画从西往东分别为《摩西前往埃及》、《摩西与叶忒罗的女儿》、《以色列人与法老军队在红海》、《摩西给以色列人带来"十诫"律法》、《惩罚可拉党》、《摩西之死》。北墙上的耶稣组画从西往东分别是《耶稣受洗》、《耶稣受试探》、《耶稣招收门徒》、《耶稣登山宝训》、《耶稣传给圣彼得天国的钥匙》、《最后的晚餐》。祭坛后正面墙上是米开朗基罗的名作《最后的审判》。画面展现了基督自天而降在对天下人进行审判。受审的人们表情各异，性格鲜明，有人扪心自问，有人惊魂未定，有人欣喜若狂，有人急于表述，有人则绝望至极。天使把上天堂的人带入天堂，撒旦则把下地狱的人赶进地狱。礼拜堂房顶上是米开朗基罗创作的巨画《创世纪》，画中

西斯廷礼拜堂

共有数百个人物形像。整个画面分成 2 部分，绘有上帝创造世界的 9 个
场景，即《划分光暗》、《创造日月》、《划分水陆》、《创造亚当》、《创造
夏娃》、《逐出乐园》、《挪亚方舟》、《挪亚献祭》、《挪亚醉酒》。房顶与
墙壁连接处的弧面为另一部分，分别绘有耶稣的祖先等。《创世纪》画
面宏大，人物纵横交错，使人仰视画面时有一种庄严肃穆、神圣可畏的
感觉。礼拜堂侧墙上方窗户之间布有众多的教皇画像。每当在重大的礼
仪性场合，侧墙下部用描绘《圣经》故事的挂毯加以装饰。挂毯由拉斐
尔设计，于 1515～1519 年在布鲁塞尔织成。拉斐尔所作的《西斯廷圣
母》在他的大量圣母图中被公认为杰作，从构思到完工均显出画家严肃
的深思，反映了拉斐尔的人道精神、文化素养和完美的技巧。这幅画的
布局初看起来十分单纯，实际上，画面摆脱了矫揉造作与刻板公式的无

懈可击的均衡，一点也没有使人物行动
的潇洒从容受到约束。从参观者的角度
看来，圣母在同一个时间里既是向前走
动，又是站定在一个地方。圣母的形体
飘飘然腾云驾雾，同时又具备了人体的
真实重量。从圣母抱着圣子的两手的动
作中，可以看得出把孩子紧紧搂住的母
亲下意识的激动。在圣母略扬起的眉毛
上，在张得挺大的眼睛里，显示出忐忑
不安的倾向，显示出一个人在突然了解
她的所遭遇的命运时透露出来的那种感
情。同时，圣母的目光不是固定在一个

《西斯廷圣母》

点上，很难捉摸，这仿佛是预见到她的儿子悲惨的命运，同时准备把她
的儿子作为牺牲品奉献出去。丰健而优美的体形，简朴的衣裳和赤裸的
双足，明确地让人感到她是一位人间的慈母，而非天上的圣母。这种宗
教题材上强烈表现出世俗的情感的艺术，在精神上与人民建立了强大的
交流，洞见了这个时代人民灵魂深处的震颤，从而具有了永恒的美感。

　　1993年教堂顶部画被修复。1993年6月4日罗马教廷为2台价值
65万里拉的空气调节和净化计算机控制系统举行了揭幕仪式。新系统
将依靠安置在教堂隐蔽处的75个电子传感器发挥作用，使教堂温度昼
夜保持在稳定的25℃。同时，参观教堂的人数一次将被限制在700以
内。专家认为，过去蜡烛的烟熏和火炬的燃烧是壁画损坏的主要原因，
而空气污染、温度和湿度的起伏，以及每年高达200万游客的呼吸则是
这些艺术品的现代天敌。从理论上讲，教堂的12扇窗户将永远封闭，
以使教堂内部系统免受罗马日益拥挤的交通状况产生的污染的危害。

埃斯科里亚尔大教堂（西班牙）

　　埃斯科里亚尔大教堂位于西班牙马德里市西北约 50 千米处的瓜达拉马山南坡。是遵照西班牙国王腓力二世的勅令修建的，于 1563 年动工，1584 年竣工。

　　教堂是一个封闭而整齐的巨大建筑体，包括教堂、国王行宫、先王祠、祈祷室、博物馆、图书馆等主要部分，一共拥有 4000 间房屋和上百千米的走廊。

　　这座宫殿到处都是方方正正的，极有规则：16 处院落、12 条回廊、86 部楼梯、1250 扇门和 2500 多扇窗户。千篇一律的灰色调让人感到压抑和窒息，很难想象当年一个世界霸主和他的家人就居住在这样无趣清冷的地方。

　　教堂建筑群规模宏大，放眼望去很难看到尽头，给人一种一望无垠的感觉。它的外墙相当光滑平坦，几乎没有任何装饰图案，这一切都融入到整个的建筑整体之中，这一点上也给人留下深刻的印象。它唯一的装饰也就是西班牙建筑中传统的尖顶塔楼。

　　教堂主体是一座边长为 50 米的方形建筑，屋顶上方耸立着一个直径为 19 米的圆形塔楼，塔楼上还有高高的尖顶，高达 92 米，是整个建筑群的最高点。与圆顶相呼应，左右两侧各有一座高 72 米的带圆屋顶的方柱形钟楼。教堂内部圆形穹窿的天花板上有各种反映圣母和耶稣宗教生活的壁画，用灰色花岗岩建成的埃斯科里亚尔大教堂同其周围荒芜

的环境中微蓝的远景相得益彰。它是一座暗色调的庞大建筑物，反映了
渴望征服全世界的腓力二世内敛的性格和难以接近的品性。要想数清埃
斯科里亚尔大教堂的门窗也并非易事，从未有人能够得出一致的数目，
基本上所有的结果都接近于这样的一组数字：大约 1250 扇门和 2500
扇窗。

埃斯科里亚尔大教堂的正面朝向一个被称之为"国王庭院"的长方
形的内庭。在其基座的顶层立有 6 个庞大的旧约国王像，这个庭院也因
此而得名。在同异教徒的斗争中腓力二世相信，应当以古以色列国王为
楷模，这里立有以智慧著称的所罗门王像、以勇敢著称的撒乌尔王像以
及其他的以色列国王像。

大教堂的外墙、壁柱、檐壁均由灰白色大理石贴面，只是在主祭坛
以花岗岩贴面。主祭坛共有 4 层，最大的宽 15 米，高 26 米，分别用碧
玉、玛瑙或红色大理石装饰的柱子支撑。幄搁板上有 15 座铜雕像。祭
坛四周还挂满了艺术大师们绘制的圣像、宗教画与各种精美的雕饰。

埃斯科里亚尔大教堂的建筑内部最漂亮的要数位于西部出口处长长
的走廊里的图书馆。这是埃斯科里亚尔大教堂最富丽堂皇的大厅，腓力

埃斯科里亚尔大教堂

二世在世期间也给予了高度的评价。图书馆内收藏了各种文字写成的手稿 4742 件，图书 4 万多册。其中有许多极其珍贵的图书和手稿，如马丁·路德和约翰·加尔文这些新教徒的论文。腓力二世国王研究他们的唯一目的就是维护罗马天主教作为世界中心的地位。

博物馆内珍藏有许多珍贵的名画、文物，特别是国王行宫中藏有 7000 块圣教徒的骨殖。据说，腓力二世拥有十二门徒的遗物和基督耶稣受难的十字架。由此可见，埃斯科里亚尔大教堂在西班牙历史上的地位是何等重要。

埃斯科里亚尔大教堂

圣家族大教堂（西班牙）

圣家族大教堂，又译作"神圣家庭教堂"，位于西班牙加泰罗尼亚地区的巴塞罗那市区中心。始建于 1884 年，目前仍在修建中。尽管这是一座未完工的建筑物，但丝毫无损于它成为世界上最著名的景点之一。无论你身处巴塞罗那的哪一方，只要抬起头就能看到它。整个建筑华美异常，令人叹为观止，是建筑史上的奇迹。登上教堂顶部平台，巴塞罗那城区尽收眼底。

建造这座教堂的想法是由巴塞罗那书商朱塞佩－玛丽亚·博卡贝里亚提出的。他是圣徒约瑟夫崇敬会的创始人，建造这座教堂的目的是建造一座可以让颓废的人们向神祈祷和求得宽恕的赎罪堂，使其成为维护社会秩序的精神支柱，同时也是城市社会活动中心。教堂最初被命名贫民教堂，曾一度改称新教堂，最后决

圣家族大教堂设计者——安东尼奥·高迪

正在建设中的教堂

定取名神圣家族教堂。

　　教堂初期的设计人是教区建筑师维拉，教堂风格是学院派的新哥特式，并于 1882 年奠基。1883 年改由年轻的安东尼奥·高迪设计。

　　高迪设计的圣家族大教堂是一座宏伟的天主教教堂，整体设计以大自然诸如洞穴、山脉、花草动物为灵感。这是一座在设计上完全没有直线和平面，而是以螺旋、锥形、双曲线、抛物线各种变化组合成充满韵律动感的神圣建筑，是一座充满象征主义符号的建筑，可以说是一部用石头雕刻出的《圣经》。教堂的东、西、南三个立面，分别描绘出耶稣的诞生、受难和上帝和荣耀，代表着耶稣神性的三个方面，布满描述圣经场景的浮雕。每个立面都有一道宏伟的正门，每个门的上方安置 4 座尖塔，这 12 座塔各高 100 米，代表耶稣 12 个门徒。教堂中央的塔高 170 米，代表耶稣基督；其周围将环绕 4 座 130 米的大塔楼，代表 4 位福音传道者。北面还有一座后塔，高 140 米，代表圣母玛利亚。

目前已完成的东立面描述基督降生的"诞生立面"出自高迪之手，连同北面后龛的墙壁于 1912 年完成；西立面描写耶稣与十二门徒最后晚餐的巨大雕塑则是约瑟夫·萨巴拉奇斯于 1990 年完成的作品。

尽管教堂至今仍未完工，但是，且不说那 170 米的高塔、塔尖上围着的球形花冠的十字架、五颜六色的马赛克装饰、螺旋形的楼梯、螺旋形的楼梯、宛如从墙上生长出来的各种怪兽滴水嘴、蜥蜴、蛇、蝾螈和其他栩栩如生的雕像，光是这 95 米长、60 米宽，估计可容纳万名信徒的规模，就足以撼动人心了！整个庞大的建筑显得十分轻巧，有如孩子们在海滩上造起来的沙雕城堡，看上去像是松软的黏土手捏制造的，但实际上是它却是用真正的红色石头建造而成的！

圣家族大教堂

高迪于 1926 年逝世后，继任者依靠高迪留下的设计稿和模型继续建筑，但在内战期间这些宝贵资料多被无政府主义者毁坏。1952 年，工程再次动工，直到现在，教堂内部仍然像是一座大工地，一共只完成了 8 座尖塔，高高的塔顶上还布满了脚手架。由于高迪所留下的教堂石膏模型已经毁坏，建筑设计图也毁于火灾，使得后续建筑困难重重。但这反而引起了更多人的好奇心，更有不少气盛的建筑师怀着一种使命感，要为之续补。根据保守估计，教堂还需要 200 年的时间才能完工，而且这一天会不会到来甚至还是个未知数。不过巴塞罗那人仍傲视之，没有为之着急与烦躁，而是从容地等待，耐心地守候，更是满心期待 21 世纪即将完成的"荣耀立面"。

塞维利亚大教堂（西班牙）

塞维利亚大教堂（Catedral de Sevillay）是西班牙南部安达卢西亚区省会城市塞维利亚市内的著名宗教名胜。它是仅次于罗马的圣彼得教堂和伦敦的圣保罗教堂，位居欧洲第三位的大教堂。该教堂建成于 1506 年，是在原伊斯兰教寺院的旧址上改建而成的一座哥特式的大教堂。

教堂主体是长 116 米，宽 76 米的矩型建筑，由墙顶部带许多尖柱的围墙环绕的屋顶上耸立着尖塔，大尖塔高 111.5 米。教堂大门正面对着国王圣女广场，边侧有一座高耸于所在建筑物之上的方形高塔，这就是有名的希拉尔达塔。塔高 98 米，是原伊斯兰教寺院建筑中仅存的一部分，于 1184～1196 年为阿拉伯人所建，显示了阿拉伯建筑艺术的美丽风采。塔身墙面上有各种标志阿拉伯艺术特色

珍藏馆中的王冠

的花纹图案，塔顶装有 25 口大钟的钟楼。楼顶上有一尊代表"信仰"的巨大塑像，塑像是 1568 年由西班牙人增建的。巨大塑像高仰站立，手中举着一面半掩的旗帜，总高 4 米。

教堂内部空间极大，主要有王室座堂、主座堂、珍藏馆、祈祷厅等。王室座堂是西班牙文艺复兴时期早期的作品。在建筑物简洁的几何造型结构及其拱形圆顶的表面都布满了富丽堂皇的复杂纹样装饰。祭坛正中安放了一座代表塞维利亚地方保护神国王圣母的木刻雕像。雕像前有三个王室成员的骨灰盒。中间一个华贵的银制骨灰盒是费尔南多三世（1217～1252 年在位）国王的遗骨，两旁两个分别是皇后和儿子阿方索十

塞维利亚大教堂

世（1252～1230 年在位）的骨灰盒。座堂内还有哥伦布的墓穴。座堂周围漂亮精致的铁栅建于 1771 年。主座堂是宗教活动的主要场所，装饰极为华丽，有哥特式祭坛，荟萃了大量神态各异、栩栩如生的人物艺术雕像或绘画，具有很高的鉴赏价值。

教堂的珍藏馆内，展出了各种各样华丽珍贵的帷幔、法衣、赞美诗集、唱诗班用的经书架等宗教艺术作品。在主圣器室内还有各种不同的圣物盒、金银器皿等各种展品。特别珍贵的是一座 7.8 米高、带有复杂

塞维利亚大教堂顶部装饰

花纹装饰的 15 枝大烛台和祭台上的圣龛。在另一间圣器室内保存着西班牙著名的绘画大师穆里略（1617～1682 年）、马尔德斯（1630～1691年）、莫拉莱斯（1509～1586 年）、戈雅（1746～1828 年）等人的绘画作品。

教堂的祈祷厅建于 16 世纪，由椭圆形的穹顶覆盖，墙上挂着穆里略画的各种著名宗教油画。整个建筑属于西班牙哥特艺术鼎盛时期的风格。

1987 年，大教堂与同在塞维亚的城堡、西印度群岛档案馆一起被列入世界文化遗产名录。

托莱多大教堂（西班牙）

　　托莱多大教堂（Catedral de Toledo）是西班牙著名的教堂。位于马德里城之南 70 千米处的托莱多城内。这是一座至今仍保留着中世纪风貌的古城，是当时西班牙基督教教会总教区的第一大教堂，是西班牙排名第二的大教堂。1247 年动工，1493 年完成。

　　大教堂实际上是一座集多种建筑艺术风格于一体的宠大建筑群。建筑初期采用了当时在西班牙教堂中很少用的法国哥特式建筑形式，西班牙式哥特艺术风格在教堂建筑中也得到了充分体现。教堂有主座堂及其周围的小教堂、唱诗班席位、半圆形后殿、珍宝馆、绘画馆、钟楼等几部分。

　　主座堂长 112 米，宽 56 米，高 45 米，由 88 根大石柱支撑着。主座堂周围有 22 个小教堂，主座堂和这些小教堂是整个教堂中装饰最豪华的部分。尤其是主座堂巴洛克式风格的大祭坛及祭坛顶部的圆形窟窿更具特色。5 组反映耶稣生平的彩色松木雕刻作品，占满祭坛的整个墙面。这些作品不仅技艺精湛细腻，造型生动，而且人物姿态自然、栩栩如生。室内的 15～16 世纪制作的彩色玻璃窗户，在阳光的反射下五彩缤纷，更增加了教堂的神秘色彩。有许多用透明大理石雕成的神圣雕像，在灯光的照耀下，大理石雕刻的圣母、天使好似在云雾缭绕的天空中飘然。这是纳西索·托梅大师最有名的雕塑作品。在唱诗班席位处，有高排、低排两部分坐椅，这些坐椅都是西班牙木雕艺术的瑰宝。低排坐椅为哥特式艺术珍品，有 54 组反映 1492 年西班牙天主教君主击败阿拉伯人、进入格拉纳达市的情景，皆用凸雕表现；高排坐椅为文艺复兴式艺术珍品，上方刻有许多圣人像。两种风格在此水乳交融，具有很高的历史和艺术价值。

在珍宝馆内陈列了许多金银工艺饰品。其中最有名的是一台 3 米高、180 千克重，用白银、黄金和珍珠镶嵌而成的圣体龛。每年圣体节举行游行时，圣体龛才被搬出户外一次。卢卡斯·霍尔丹的巨幅宗教油画布满了圣器室整个穹形大天花板。绘画馆内珍藏了西班牙伟大画家格雷戈（1548～1625 年）的杰作《抢夺圣衣》及其他许多名作。还有绘画大师鲁本斯（1577～1640 年）、凡·戴克（1599～1641 年）、戈雅（1746～1828 年）等人的名作。

托莱多大教堂

教堂正门左侧有一座哥特式钟楼，高 90 米，可供游人登高观赏全城景色。楼内有一口 1753 年铸造的大钟，取名为"胖钟"，重约 17.5 吨。

布尔戈斯大教堂（西班牙）

　　布尔戈斯大教堂是西班牙天主教堂，是一座规模仅次于塞维利亚大教堂和托莱多大教堂，在西班牙排行第三的重要教堂，位于西班牙北部历史名城和旅游胜地布尔戈斯市。1221年卡斯蒂利亚王国的国王费尔南多三世（1217～1252年）和布尔戈斯主教毛里西奥下令修建布尔戈斯大教堂。然而，从国王亲自铺下第一块奠基石，到1567年竣工，整整经历了3个多世纪。竣工后的教堂与原始设计图相比，已增添了许多不同的艺术风格和新的建筑。

布尔戈斯大教堂

　　该教堂是一座白色石灰石的哥特式建筑。整个教堂尖塔兀立，飘飘欲升。教堂高84米，雄伟壮观，气势非凡。在高耸的 2 座塔楼顶部，配有 1 对石刻透雕的针状尖塔直插云霄。教堂内部有主座堂、统帅小教堂、金梯、侧殿、回廊等主要建筑。主座堂为十字形平面布局的大厅。在十字形的交叉处竖立着一块墓碑石，上面刻着 11 世纪西班牙声名卓著的军事统帅、与摩尔人作战屡建奇功的民族英雄熙德（1030～1099 年）和他妻子希门娜夫人的名字。熙德为阿拉伯文的译音，意为"封主"，在此指西班牙骑士罗德里戈·迪亚斯·德比瓦尔。迪亚斯不仅是反抗摩尔人的英雄，也是基督教与异教斗争的代表人物，因此，在大教堂中占有重要位置。在唱诗班的席位处共有 103 张黄杨木镶嵌的胡桃木坐椅。高排坐椅上有描绘《旧约

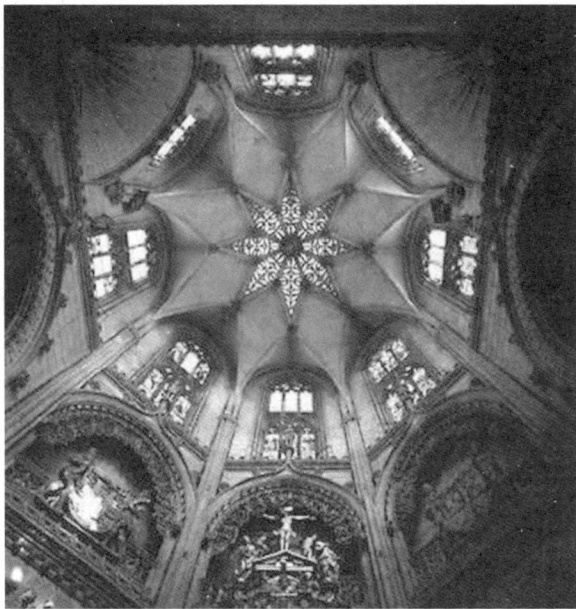

布尔戈斯大教堂主穹顶

全书》和《新约全书》内容的雕刻作品。低排坐椅上的雕刻都是描绘一些离奇的神话和传说的故事场面，这些雕刻全是 1507～1512 年间的古代作品。

在主座堂的深处有一个文艺复兴式的大祭坛，装饰了许多镶嵌在壁龛或山墙内的圆形半身人像浮雕。统帅小教堂因安奉熙德和他妻子的墓穴而得名。堂内有非常豪华的穹窿屋顶，与地面相距 54 米，并配有星星状的塔式天窗。墓穴上的统帅和他夫人的白大理石睡雕像闭目安详，栩栩如生。所谓金梯，因楼梯的栏杆上，配有极为华丽的金色花叶、人

像和各种复杂图案的透雕装饰而得名。金梯有左右两座支梯，属文艺复兴式的作品。侧殿中有几个小教堂，其中一座圣基督小教堂内，基督雕像的发眉和皮肤是从真人人体上移植过去的。在哥特式的回廊中，汇集了一些有布尔戈斯地方特色的石雕、泥雕和彩绘木雕的优秀作品。

　　教堂内还设有一个博物馆，除了陈列许多古代金银珠宝饰品外，还有一幅表现阿拉伯国王向卡斯蒂利亚国王进贡的历史绘画作品，以及一份相当于熙德结婚证的古代文件手稿；荟萃了各种历史文化珍品，反映了璀灿的西班牙文化的发展历程。

　　1984 年，布尔戈斯大教堂被列入世界文化遗产名录。

斯特拉斯堡大教堂（法国）

斯特拉斯堡大教堂，法文是圣母教堂（Cathédrale Notre～Dame），坐落于法国斯特拉斯堡市中心，是中世纪最重要的历史建筑之一，也是欧洲著名的哥特式教堂。它始建于 1176 年，直到 1439 年才全部竣工，用孚日山的粉红色砂岩石料筑成。教堂正面顶上，一边是一座高 142 米的尖塔，另一边却只有一座平台，此处原应该是一座对称的尖塔，由于当时的财力有限而没有建起来，如今反倒成了它的特色，斯特拉斯堡大教堂也因此而极负盛名。教堂内有一个 11 米高的天文钟，建于 1838 年，每隔 15 分钟有儿童、青年、壮年及老年代表人生

斯特拉斯堡大教堂

4 个阶段的机械人出现，但每一整点有死神提着板斧出来报时，至今准确无误，到中午 12 点 30 分鸣钟报时之际，就会有众多的人物轮流出场，带来引人注目、生动活泼、风趣幽默的场面。

著名作家雨果曾以"集巨大与纤细于一身令人惊异的建筑"来形容

COMPUT ECCLESIASTIQUE

斯特拉斯堡大教堂内的天文钟

这座教堂。高 142 米的尖塔是在 1439 年加建的，当时是世界上最高的建筑（一直保持到 1847 年）；教堂也于同年落成。前墙于 1277 年动工兴建，它那圆花窗及石花边巧夺天工，3 道门廊也饰有精致雕像，斯特拉斯堡大教堂也因此而极负盛名。中殿华丽典雅，其中的彩绘玻璃窗（12～15 世纪）及天使之柱（约 1230 年）气势不凡，再加上那精雕细琢的讲坛（1484 年），以及着名的席伯尔曼风琴等更加使人赏心悦目。

教堂内的天文钟，可说是斯特拉斯堡文艺复兴时期的精神象征。而大教堂的正门以耶稣事迹"最后的审判"为题的浮雕，精工镂制的圆形玫瑰窗和本堂的彩绘玻璃都是值得仰头细观的艺术品。登上塔顶，全城秀丽的景致及壮丽的森林和山脉尽收眼底，一览无余。

圣德尼修道院（法国）

圣德尼修道院教堂位于巴黎城北 4 千米的近效，是由一座 9 世纪重建的罗马式建筑物改建而来的哥特式教堂，被誉为世建不朽建筑之一。教堂于 1140 年动工，1144 年完成。

12 世纪初，巴黎近郊的圣德尼修道院（Abbey Church of Saint～Denis）的院长苏杰，从教堂宝库中闪烁的珠宝与当时广泛被使用的彩色玻璃中得到了一个灵感。他认为借着注视华丽的材料或许能够将一般人的精神提升到更能完全注视上帝的国度。他的这种观点，后来将修道院这座低矮、黑暗、厚重、照明不清的仿罗马式教堂彻底地改变了。

圣德尼修道院

这座教堂与罗马式教堂最大的不同在于它的轻盈与明亮，这与其窗户设计有直接的关系。在此，窗户不是只在墙上开一个洞而已，它占了整面墙的面积，并且延绵四周，成为透明的建筑。而装饰窗户的彩色玻

圣德尼修道院的玫瑰花窗

璃，设计美观，阳光从外面泻进，透过五彩缤纷的色彩，制造出圣洁的气氛。

改建中，苏杰院长在以尖拱与肋筋的建筑技术建造了半圆回廊。对于当时的人来说，这是一种新的建筑技术，因此圣德尼修道院的半圆回廊便成为哥特式风格建筑的发源地。

圣德尼大教堂堪称法国王室陵园。从公元 7 世纪在位的达高百赫迁藏于教堂后，教堂下前后埋藏了法国历史上 800 多位皇室成员，其中有 38 位国王，21 位皇后。法国大革命时期，教堂被抢劫一空，皇室成员遗骸被挖出迁藏于一普通墓地，陵墓雕像也大多被毁。至 19 世纪被复辟王朝路易十八规划修复，到 20 世纪才逐步恢复原状，不过，许多墓穴内已经空无一物了。

圣心大教堂（法国）

　　圣心大教堂（Sacre Coeru）位于巴黎蒙马特高地的最高点上，是巴黎的象征。从这里可以俯瞰蓬皮杜艺术中心、巴黎圣母院和荣院等。教堂于1875年由国家发行公债筹建，1876年动工，1919年落成。建成后的大教堂主体总长85米，宽35米。教堂顶部托伸了一个55米高，直径16米的大穹顶，具有罗马式与拜占庭式相结合的别致风格。大圆顶四周为4座小圆顶，很具有中东情调。教堂正面是3个拱形大门；教堂后部有一座高84米的方型钟楼（1914年落成），里面有一只世界最大的萨瓦钟，重19吨，是世界上最大的钟之一。在这里可以看到世界上最高的马赛克拼图画，还有令人叹为观止的玻璃彩窗。这些玻璃彩窗

圣心大教堂

的原始图画曾经在 1944 年于第二次世界大战中被摧毁，但在 1946 年又被按原样修复。

教堂正面有 3 个拱形大门，两侧门廊上方各有一尊骑马塑像：法国国王圣·路易和民族女英雄圣女贞德。不知这两尊铜像原来是什么颜色，现在由于长年风袭雨浴，一层铜锈蚀裹，竟使它们变得通体碧绿，恰如翡翠雕琢的一般，与白玉似的教堂相映成辉。

教堂内有许多浮雕、壁画和镶嵌画，讲述着圣经里的故事。特别是圣坛上方穹顶，有一巨幅的壁画，画中耶稣与天父相对而立，圣母等随侍两侧。环绕了一周，不少的雕像和壁画讲述着耶稣和圣经里的故事。

教堂后面的小广场又是另外一个世界，令人驻足不前，这就是蒙玛特高地。在这里，麇集着各种肤色的艺术家。一个个阳伞下，琳琅满目地陈列着风格迥异的绘画作品。

圣心大教堂

朗香教堂（法国）

朗香教堂，又译为洪尚教堂，位于法国东部索恩地区距瑞士边界几英里的孚日山区，坐落于一座小山顶上。1950～1953 年由法国建筑大师勒·柯布西耶设计建造，1955 年落成。朗香教堂的设计对现代建筑

朗香教堂

的发展产生了重要影响，被誉为 20 世纪最为震撼、最具有表现力的建筑。

朗香村的这个小山顶是一处圣地，从 13 世纪以来，这里就是朝圣的地方。这里原有一座教堂，毁于第二次世界大战的战火。勒·柯布西耶设计的新朗香教堂规模不大，仅能容纳 200 余人，教堂前有一可容万人的场地，供宗教节日时来此朝拜的教徒使用。

在朗香教堂的设计中，勒·柯布西耶脱离了理性主义，走向了浪漫主义和神秘主义，把重点放在建筑造型上和建筑形体给人的感受上。他摒弃了传统教堂的模式和现代建筑的一般手法，把它当作一件混凝土雕塑作品加以塑造。

教堂造型奇异，平面不规则。外墙是船头形的，教堂四个方向的立面各不相同；墙体几乎全是弯曲的，有的还倾斜；塔楼式的祈祷室的外形像座粮仓；沉重的蟹壳状屋顶向上翻卷着，它与墙体之间留有一条

朗香教堂内部

40厘米高的带形空隙；粗糙的白色墙面上开着大大小小的方形或矩形的窗洞，上面嵌着彩色玻璃；入口在卷曲墙面与塔楼的交接的夹缝处；室内主要空间也不规则，墙面呈弧线形，光线透过屋顶与墙面之间的缝隙和镶着彩色玻璃的大大小小的窗洞投射下来，使室内产生了一种特殊的气氛。

教堂一诞生便在全世界建筑设计界引起了巨大轰动，原因不是它比其他的著名教堂更漂亮，更迷人，更辉煌，而是它的离经叛逆，是它那陌生、惊奇、突兀、复杂、怪诞、奇崛、神秘、朦胧、恍惚、变化多端、起伏跨度很大的艺术形象给人带来的刺激，触发人的复杂心理。没有一个参观者能用一个恰如其分的比喻来准确说出这座教堂是什么样子，比如像全拢的双手、浮水的鸭子、航空母舰、修女的帽子，或者是两个并肩而立的修士。

圣米歇尔大教堂（法国）

圣米歇尔大教堂位于法国诺曼底和布列塔尼之间的圣米歇尔山上，是法国著名古迹和基督教圣地。

被誉为"西方名胜"的圣米歇尔山坐落在一个小岛上，距海岸 2

圣米歇尔大教堂的雕塑

千米。小岛呈圆锥形，周长900米，由耸立的花岗石构成；海拔88米，经常被大片沙岸包围，仅涨潮时才成为岛。1879年人们修建了一条堤坝，车辆从此可以直接通过堤坝上山。

古时这里是凯尔特人祭神的地方。公元708年，一位来自阿弗郎什的神父在岛上最高处修建一座小教堂，奉献给天使米歇尔，使这里成为朝圣中心，故称圣米歇尔山。因为教堂高耸于圣米歇尔山顶，不久便被雷电击中，引起大火，而且平均每隔25～30年岛上就会发生大火灾。公元969年在岛顶上建造了本笃会（天主教最早的修士会）隐修院。1204年法兰西将诺曼底吞并后，圣米歇尔山被人纵火焚烧，老修道院被完全烧毁。1211年法国国王菲力浦二世下令修建一个新的教堂，想以此来向大天使米歇尔及被焚毁的修道院赎罪。最终仅耗时17年就完成了这一举世闻名的建筑杰作。

教堂分祭坛、耳堂和大殿3部分。因建在狭窄的山崖上，高低不平的山顶无法提供宽阔平整的地基，人们便沿山坡修筑了几处建筑以使教堂建在同一个水平面上。大教堂呈十字形，而祭台、耳堂和大殿下的墓穴或祈祷间实际上也成了罗马式建筑工艺的杰作。教堂的正面是建有3扇拱门的大门廊，从门前的平台上即可俯瞰大海。教堂集罗马式与哥特式建筑艺术于一身。大殿为典型的罗马风格，其穹隆的开间多达7道，两侧的拱门式长廊之上的楼廊砌有罗马式的拱窗，以保证教堂的通风与采光。与大殿形成鲜明对照的是那哥特式的三层圆形祭坛，祭坛四周的回廊不带祈祷室。这种教堂的建筑风格在诺曼底一带很有代表性，曾经风靡一时。近千年的时间里，教堂经过了多次修缮，最后一次修缮工作是20世纪末完成的。值得一提的是，我们今天所看到的教堂哥特式的尖顶利500千克重的大天使米歇尔手持利剑的镀金雕像，是1987年才添加上的。

就中世纪的水平而言，圣米歇尔山大教堂顶部开间的匀称布局与颇具立体感的垂直分隔、大殿与耳堂之间宽大的连拱，以及楼廊上饰有

圣米歇尔大教堂

雕刻物的门窗，都展现着建筑师们独具匠心、巧夺天工的造型艺术水准，也为后人留下了一笔丰富的文化遗产。大教堂建成之后，吸引了越来越多的朝圣者，把对大天使圣米歇尔的崇拜推向了巅峰；圣米歇尔山也更是披上了神奇的面纱，在诺曼底无数教徒的眼中无异于东方的耶路撒冷。

圣米歇尔是圣经里面战斗的圣人，常常作为骑士的精神首领；在1337～1453年的英法百年战争中，曾有119名法国骑士躲避在教堂里，依靠围墙和塔楼，抗击英军长达24年。因为每次只要坚守半天，势如奔雷的涨潮就会淹没通往陆地的滩涂，为爱国者们赢来宝贵的半天休息时间。这场旷日持久的战争中，此岛是该地区唯一没有陷落的军事要塞。

战争结束后，圣米歇尔山声名远扬。这时正值难以解释的大规模的儿童朝圣高峰时期。几千名7～15岁的男孩女孩离开家乡和父母亲人前

往圣米歇尔山朝圣。上天神秘的呼唤将他们从欧洲各地召集到一起。他们两人一排列成整齐的纵队穿越法国，口中高喊"为了上帝，我们前进，向着圣米歇尔山前进！"孩子们的父母甚至不敢出面干预这势不可挡的朝圣。参加朝圣的许多孩子惨死于途中，有的被冻死，可怜的父母们惊恐万状却不知所措。最终还是宗教当局出面干涉，谴责这场狂热的儿童朝圣。

如今，圣米歇尔山依然傲然独立于海上，无论白天还是黑夜，它那充满传奇色彩的孤独的身影凭海临风，远远地俯视着山下的诺曼底。高耸入云的尖顶犹如大天使米歇尔的神指直指苍穹，仿佛时刻在提醒尘世的人们，圣米歇尔精神一如千年前坚不可摧，恒久不朽。远远地看来，教堂和山就这么从海平面拔地而起，海水好像一个画家，在广阔的海基上留下了教堂那美丽宏伟的身姿。

圣米歇尔山及其海湾作为文化遗产，1979年列入世界遗产名录。

玛德莲教堂（法国）

玛德莲教堂（La Madeleine）位于巴黎 8 条主要大道交会处的玛德莲广场（Place de la Madeleine），是巴黎最知名的建筑代表之一。

玛德莲教堂建于 1764 年，但它好像没有真正完工过，一直到今天还在修。回溯历史，路易十五 5 岁一登基就生大病，痊愈后就决定建教堂谢神，1764 年定基后，换了数位建筑师，直到拿破仑为夸耀法国陆军的荣耀，在 1824 年才终于完成了教堂。

玛德莲教堂

　　教堂建筑设计有希腊神殿风格，充满庄严、肃穆的气氛。整座建筑外观上最引人注目的地方就是环绕外墙的柱廊，由52根20米高的科林斯大圆柱组成。教堂正面的大圆柱顶着三角形的山墙，山墙上有著名雕塑家梅勒尔的作品——以耶稣为主轴的《最后审判》图。教堂的大门是巴黎所有教堂中最大而且最重、最精美的铜门，重达3.2吨，门上有著名雕塑家德特里可提的杰作——描绘《圣经》故事的《十戒》。入口左边是耶稣受洗大雕像，右边是圣母婚礼雕像。教堂大殿空间宽阔，穹顶由5个宏伟的大圆拱顶构成，但前后殿穹顶都是半圆形的，别开生面。中央祭坛上有圣母升天大雕像，这是意大利雕像名家马罗切提的杰作。教堂唯一的光线来源是来自3个小圆顶的自然采光，让内部精致、镀金的细腻装饰在灰矇中更添美感。

玛德莲教堂大街

巴黎圣母院 （法国）

　　巴黎圣母院亦译"巴黎圣母大堂"。它是法国天主教大教堂，世界著名的教堂。位于法国巴黎塞纳河中的城岛东端，为欧洲早期哥特式建筑和雕刻艺术的代表。集宗教、文化、建筑艺术于一身的巴黎圣母院，原为纪念罗马主神朱庇特而建造，随着岁月的流逝，逐渐成为早期基督教的教堂。6世纪初，巴黎国王柴尔德贝特下令重建。此后，这座教堂就成了纪念殉教者圣·埃蒂安的地方，并在近旁又为圣母玛利亚修建一座教堂。圣母院始建于1163年，由教皇亚历山大三世

巴黎圣母院大门精美的石雕

奠基。1320年圣母院竣工。几个世纪内，圣母院屡遭战火破坏。后由建筑大师维奥来·勒·杜克在保持原风格的基础上，加以设计修建。工

程历时 20 年，于 1864 年重新开放。

整个教堂全长 130 米，宽 47 米，中部堂顶高 35 米。全部建筑用石头砌成，拱顶结构轻快，堂内空间宽敞，给人一种秀丽、轻盈和流畅的感觉。法国著名作家雨果形容巴黎圣母院是"巨大石头的交响乐"。圣母院正面呈方形，上下可分为 3 层。底层是并列的 3 个桃弧形门洞，其侧壁刻有浮雕，内容为《圣经》故事和地狱景象。左门称"圣母之门"，中柱雕有圣母圣婴像，拱肩画面表现圣母的经历。右门称"圣安娜之门"，中柱雕有 5 世纪巴黎主教圣马赛尔像，拱肩画面是圣母和两位天使。中门

巴黎圣母院

称"最后的审判之门"，中柱雕像是耶稣在"世界末日"宣判每个人的命运，"灵魂得救"者升入天堂，有罪之人则被逐入地狱。3 扇门洞上方是一长条壁龛，又称"国王的画廊"，排列着耶稣的先祖 28 位帝王的雕像。中间层左、右部是两个门洞，左门洞前是亚当之像，右门洞前是夏娃之像。两门洞之间是一圆形巨大花窗，直径约 13 米，极为壮丽，称为玫瑰窗。窗下前侧是圣母怀抱圣婴像。顶层是一排雕花石柱，支撑着上方的阳台；阳台两侧是两座高达 69 米的塔楼。其中一座塔楼内悬挂着雨果的小说《巴黎圣母院》中钟楼怪人加西莫多敲打的那口大钟。

圣母院的正立面构图完整，既有鲜明的垂直划分以强调向上的动势，又有显著的水平联系，是法国哥特式教堂的典型，成为以后许多教堂的范本。圣母院正门入内是长方形大堂，高大的石柱支撑着六分拱顶，具有罗马式传统风格。堂内大厅宽敞，可放千张木制坐椅以供信徒使用。堂前祭坛中央供奉着天使与圣女围绕着受难后耶稣的大理石雕塑。中堂两边有侧堂和侧廊。侧廊以 3 层同心圆组成的彩绘玻璃装饰为 13 世纪放射样式的代表作。大教堂两侧上方由向上飞展的单弧拱壁所环绕。大教堂顶部是一座高达 90 米的尖塔，塔上部为一楼形尖顶。圣母院内设有小教堂，并有附属建筑圣器室和宝物室，室内藏有大量宗教和艺术珍品。

数百年来，巴黎圣母院一直是法国宗教、政治和民众生活中的重要活动场所，许多重大事件和典礼仪式在此进行和发生。1302 年，菲利普四世对抗罗马教皇，在这里召开法国历史上有市民参加的"总议会"，会议支持国王，并禁止法国主教到罗马开会。1455 年，民族女英雄贞德的昭雪仪式在此举行，从而洗刷了法兰

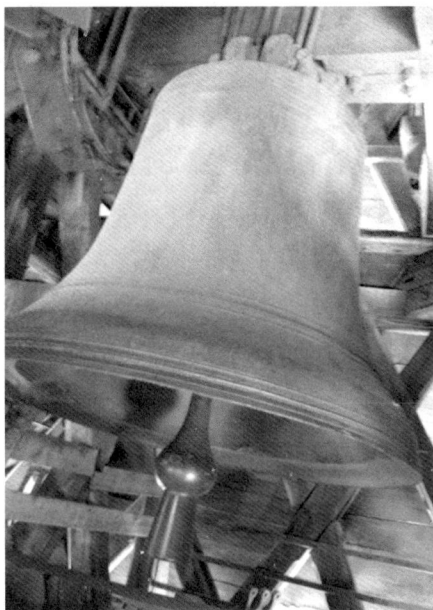

巴黎圣母院的大钟

西的民族耻辱。1654 年，路易十四在此举行加冕大典。1744 年，路易十六又在此加冕。1789 年，国民议会和市政府在此欢庆攻陷巴士底狱的胜利，标志着一个新的资产阶级统治时期的到来。1804 年，拿破仑在这里加冕称帝。1918 年，巴黎市民为庆祝第一次世界大战胜利而向圣母感恩。1945 年，巴黎市民为战胜德国法西斯在这里举行欢庆活动。

1970 年和 1974 年在圣母院为戴高乐将军和蓬皮杜总统举行了追思弥撒。大作家雨果所作《巴黎圣母院》一书更使圣母院名扬世界，只是小说中描述的曲折情节仅为雨果的构思，实际上圣母院并未出现过那场悲剧。

直到今日，圣母院依然履行着宗教职责，同时又是巴黎主要旅游景点之一，继续向世界各国人民传播着宗教艺术和法兰西的文化。每到年终，至诞节前夜举行的大礼拜吸引着许许多多的信教者与观赏者。午夜 12 点的钟声，使人们仿佛又回到了那遥远的古代，沉浸在一片宗教的气氛之中。

亚眠主教堂（法国）

亚眠主教堂为法国著名的四大哥特式教堂之一，位于庇卡迪夫区索姆省亚眠市，是法国哥特式建筑盛期的代表作。

主教堂以其设计的连贯性、内部三层次装修之美和被称为"亚眠圣经"的雕塑群而著称于世。教堂始建于1152年，是罗马式风格；1218年因遭雨击而被摧毁。现在的教堂为1220年由埃费阿·德·富依洛瓦主教重建。整座建筑用石块砌成，总面积达7760平方米。由3座殿堂、十字厅和设有7个小拜堂的环形后殿组成。教堂正门在西面，从上至下共3层，巨大的连拱占了一半的高度。正面拱门上方的拱廊的每个小拱中饰有6柄刺血刀，分3柄一束竖在三叶拱下面。拱门与拱廊间用花叶纹装饰。底层并列的3扇桃形门洞侧壁则刻有精致雕刻。中层有2排拱形门洞，下面一排8个，上面一排4个，是为著名的"国王拱廊"。4个拱形门两两对称，中间是一面直径为11米的巨型火焰纹玻璃圆窗，此窗也称"玫瑰窗"。顶层又是一排连拱，由4大4小门洞组成。两侧各有一座塔楼，北塔高67米，南塔高62米。教堂内十字厅长133.5米，宽65.25米，高42.3米，气势宏伟。12米高的彩色玻璃窗嵌在墙上，使厅内有充分的光线，余光极佳。唱诗台由4个连拱组成，线条分明。拱廊背墙两侧也开有2扇彩色玻璃窗。全部建筑物均由4根一组的细柱和一根粗壮的圆柱组成的束形柱体支撑，从上面看上去虽不甚匀称，但布局严谨。特别是殿堂和唱诗台在十字厅两侧分布，加强了完整

亚眠主教堂

状的平衡，突出了轻快格调的结构，开创了建筑学上的强调余光的新阶
段。126 根精美石柱和斑斓的彩色玻璃窗把整座教堂装扮得富丽堂皇，
连拱门洞一个接一个，上下重叠，中间饰以浮雕，烘托出整体一致的庄
严而又不落俗套的感觉，同时还产生一种高大无比的仰视差觉。教堂内

部保存了许多完好的石雕，正门上雕刻的是"最后的审判"内容，北侧门刻有本教区诸神和殉道者，南侧门为圣母生平图；十字厅南大门上还雕刻了全身圣母像。这一组组雕像被称为"亚眠圣经"，林林总总达4000多个，全部雕像生动地再现了《圣经》中的几百个故事。

　　教堂内部的明显特征是业已完善的哥特式的设计风格，例如唱诗班中的教堂拱门上的三拱式拱廊，其下部由杂草来修饰，较高的上半部分因为天窗的存在而使其色彩显得比较辉煌明亮，因此教堂内部看上去仿佛可以分为上下两层。从现代意识的角度来看，亚眠大教堂更是一座艺术的殿堂，因此它被列入世界文化遗产名录中是当之无愧的。

韦泽莱大教堂 *(法国)*

　　韦泽莱大教堂是法国著名教堂，位于法国东部勃艮第地区库雷河左岸的小山上。9世纪迦洛林王朝时开始有僧侣定居这里。11世纪传闻为耶稣受难流泪的圣女玛利·玛德莲娜安葬于教堂下面，于是吸引了众多信徒来此朝圣。12世纪大教堂进入了鼎盛时期，拥有众多的信徒，又受到了朝廷重视，教堂规模也日益扩大，中殿、前殿、祭坛、耳堂都于

韦泽莱大教堂内部

此时完工。中殿富丽豪华，其半圆形拱券结构独具匠心，由设计者用棕色和白色拱石交替砌成，被认为是罗马传统的优美典范。尖顶拱形和橄榄形拱穹的祭坛造型精致，是建筑艺术造型和审美向哥特式过渡时期的代表作，曾对法国北部的初期哥特式建筑产生过深刻的影响。在中殿正门三角楣上也雕了"最后的审判"的画面，这些都是韦泽莱大教堂的艺术精华。1146年复活节，教皇尤金三世和法兰西国王路易七世授意圣贝尔纳多在大教堂向聚集在山坡上的教徒作第二次十字军东征的演说。1190年法国国王菲利浦·奥吕斯和英国国王理查德·克尔德里翁从大教堂出发，登上第三次十字军东征的路径。十字军东征是罗马天主教会、西欧封建主和大商人为扩张势力，掠夺财富，以缓和西欧社会危机，打着从伊斯兰教徒手中解放耶路撒冷"圣地"的宗教旗帜，向地中海东部国家发动的一场侵略战争。在罗马教皇的煽动和欺骗下，除西欧的封建主、教士和骑士参加十字军外，当时在农奴制度沉重剥削下破产的农民，以为到东方去可以获得新的自由和土地，也参加了十字军。凡参加十字军的人，衣服上都缝有红十字徽章。十字军东侵前后8次，历时近200年（1096～1291年），在占领的土地上先后建立了耶路撒冷王国、拉丁帝国等一些国家，但最后以失败告终。1291年，十字军的最后一个据点阿克城被伊斯兰教徒收复。十字军东侵以后，东西方文化的联系得到加强，西欧接触了丰富的东方文化和技术。

1217年圣弗朗索瓦·达西斯派遣6位僧侣在此修建了法国第一个天主教方济会的修道院，大教堂的权威和地位受到了挑战，很多人不再相信有关圣女玛利·玛德莲娜的传闻。来此朝圣的教徒日趋减少，香火不再旺盛。到19世纪时，大教堂已经衰落破败。这时，刚成立的法国"历史建筑委员会"责成V·勒杜克负责修缮工程，本着整旧如旧的原则，修复工作经过20多年才完成。

现在大教堂已经受到法国政府法定保护。1980年，韦泽莱大教堂被列入世界文化遗产保护名录。

沙特尔大教堂（法国）

　　沙特尔大教堂为法国著名的天主教堂，位于法国厄尔－瓦尔省省会沙特尔市，是法国哥特式建筑的代表作之一。大教堂坐落在一个山丘上，始建于9世纪。最初建造的是一个地下小教堂，据说里面曾有圣母玛利亚穿过的衣服。11世纪时又增建了更大的地下教堂。当时沙特尔城是欧洲西部宗教活动兴盛的地区。1145年富尔贝尔主教再次修建了新教堂。1194年原先大教堂遭受火灾，仅剩塔楼的底层。现存在的沙特尔大教堂主要建筑重建于1194年，1264年竣工。

　　大教堂保留了原西门廊和3个正门上的12世纪的雕刻作品。大堂有3个圣殿，分别与3座大门相通，象征耶稣不同时期的活动与生活。中殿长130米，正面宽16.4米，高32米，是法国教堂中最宽的中殿。两侧各有1座互不对称的尖塔钟楼，其独特的结构布局最为引人注目。南侧钟楼为早期法国哥特式的八角形建筑，塔顶高106米，建于1145～1170年，其风格庄重务实；北侧钟楼初建于12世纪，但当时没有建尖塔，16世纪初才由让·德博斯增建了一个火焰式镂空尖塔。塔顶高111米，其风格轻巧华美。大堂西教部正门为一组3扇深凹进去的尖拱大门，门的两侧原有24尊圆柱雕像，现存19尊。三扇大门的中门即"主门"，因其门楣上的浮雕表现基督是万王之主而得名。主门两侧圆柱上的浮雕人像是《圣经》故事中的君王和王后。大堂北侧大门旁的雕像是圣母和《旧约》人物，南侧大门旁的雕像为耶稣基督一生的写照。祭台与

中殿之间有一个漂亮的祭廊，建于 16～18 世纪，上面刻有描绘耶稣及玛利亚生平的浮雕。另有无数较小雕像遍布大堂各处。沙特尔大教堂的雕刻群像是法国哥特式雕刻艺术的典型作品，其特点是形体修长、姿态拘谨，以雕像头部前倾后仰、左顾右盼来表现人物的神态和动作。大堂内的 170 幅彩色玻璃窗画均以《圣经》故事为题材，包括近 4000 个拜占庭风格的人像，形象鲜明突出，宗教气氛浓厚，被公认为 13 世纪玻璃窗画艺术中最完美的典型。两次世界大战期间，彩色玻璃窗都被卸下来妥善

沙特尔大教堂

保管。

　　沙特尔大教堂以其宏伟壮观、高耸挺拔的建筑与被称为"石刻的戏剧"的雕刻群像组成了和谐美妙的整体；又因它那 100 多个玻璃窗和彩绘人物组成了绚丽多彩的世界，再现了基督布道的场景，幻化出飞升于天国的神秘境界，故又称为"神秘教堂"。它集 12～13 世纪的建筑、雕刻和玻璃艺术精华于一体，是"中世纪最杰出的建筑艺术之一"。1600年以来，大教堂一直是一个主要的朝圣中心和祭祀圣母玛利亚的圣地。

从远处看，两个大小不等的尖塔格外醒目。走近教堂，又会被奔放的拱垛和细腻的雕刻、精美的绘画所震撼。随着时间的推移，可以看出罗马建筑常用的青蓝色向哥特式的多彩形式的演变过程。"哥特"一词，本源于古代西欧的一个民族"哥特人"，但哥特艺术并非哥特人所创造，它出现的时候，"哥特人"早已溶于西欧其他民族之中了。文艺复兴时人们最初以"哥特式"为形容词，有"怪野不文"之意。但哥特式教堂决不能说是"粗野"的，它是流行于 12～14 世纪各国的一种新的建筑艺术模式（包括其中的雕刻绘画）。法

沙特尔大教堂的地面彩绘玻璃

国是哥特式建筑艺术的故乡，哥特式教堂是一项独特的创造，它最能体现天主教的宗教意识。沙特尔大教堂是法国著名的四大哥特式教堂之

一，"沙特尔风格"曾被迅速地推广到欧洲各地，成为后来许多著名教堂的样本。另外3个是兰斯主教堂、亚眠主教堂和博韦主教堂。

作为一座基督教堂，沙特尔大教堂在建筑上的一些表现手法让人匪夷所思，存在着许多不解之迹。首先是教堂的朝向，绝大多数教堂是面向东方，也就是耶稣基督诞生地巴勒斯坦的方向。而沙特尔大教堂却是面向东北方向。其次，教堂的装饰也有别于其他的基督教堂。多数教堂的装饰都有典故，人形雕像也有名有姓，而沙特尔大教堂却随处可见一些鱼形记号以及一些无名脸孔，而且诸如耶稣受难像等经典主题却没有踪迹。此外，教堂的装饰还运用了一些景象学主题。

最后，最令人迷惑不解的是中殿地面上的圆形迷宫。迷宫由12个环状的黑石板拼成，全程拉长有260米，从迷宫外围入口进入，最后终点是圆形迷宫的圆心。这个迷宫究竟起什么作用，它有什么象征意义，我们不得而知。

20世纪以来，沙特尔大教堂的钟楼和雕塑曾经受到不同程度的损坏。一些玻璃窗已经开始变质。法国政府拨款予以整修。

1979年，沙特尔教堂被列入世界文化遗产名录。

热罗尼姆斯大教堂（葡萄牙）

热罗尼姆斯大教堂位于葡萄牙首都里斯本，是葡萄牙全盛时期的建筑艺术珍品，是为纪念葡萄牙人发现通往印度的海上航线所建的。教堂始建于 1502 年，迄今已经历经 500 多年的风雨。

热罗尼姆斯大教堂

据说，大教堂是葡萄牙第 14 任国王堂·曼努埃尔一世（1495～1521 年）下令用香料和黄金饰品所征税收的 5％的款项修建完成的。

从空中鸟瞰，热罗尼姆斯大教堂的结构是一个横短竖长的拉丁十字形，外表全部用打磨得光滑平整的白色花冈岩砌成，显得格外高大、圣洁。30 对数十米高的塔尖直指苍穹，给人一种摆脱尘世一切重负的感觉。后院的回廊以航海为主题进行华丽的装饰，回廊后是典雅的中庭花园，神圣、纯洁的气势震撼着每一个虔诚的教徒。

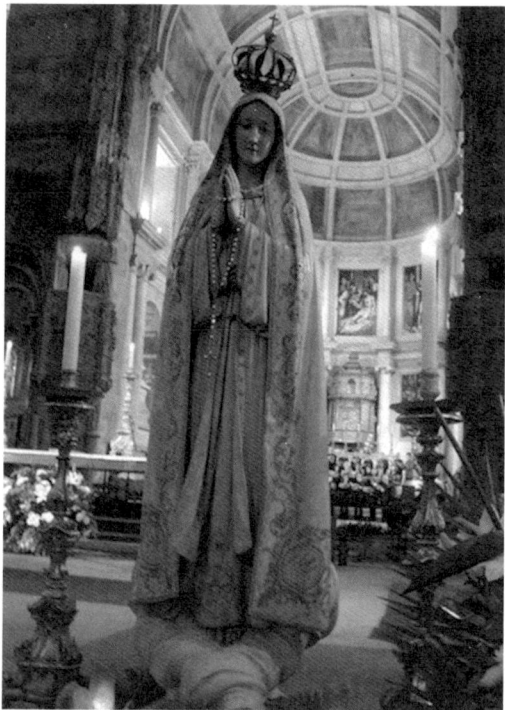

1755 年，里斯本发生罕见的大地震，整个里斯本古都毁于一旦。由于地

热罗尼姆斯大教堂中的雕像

震发生在周末上午，所有的天主教都在教堂作弥撒，大祸来临时无处可逃，伤亡极其惨重。唯独热罗尼姆斯大教堂屹立不倒，拯救了在此祈祷的全体王室成员，热罗尼姆斯大教堂因此就添加了"上有神灵保佑"的神秘色彩。

现在，热罗尼姆斯大教堂里长眠着葡萄牙的诗魂卡蒙斯、著名航海家达·伽马和最富盛名的作家埃尔库拉诺。他们的棺木朴实厚重，全用大理室雕制，棺木四周是其生平介绍，下面有 6 只雄狮雕像支撑。

1983 年，热罗尼姆斯大教堂被列为世界文化遗产。

圣耶鲁米大教堂（葡萄牙）

圣耶鲁米大教堂矗立在葡萄牙首都里斯本港入口处，风格独特，各部协调，立体感强，艺术价值高，是葡萄牙建筑艺术的代表作，是令人敬仰的享利王子的纪念碑，而且是一座大航海时代的纪念碑。受到政府的保护。

圣耶鲁米大教堂是 1502 年葡萄牙国王马努力埃尔国王为恩利克王子建造的礼拜堂。1415 年，20 岁的亨利王子（小名叫恩利克）曾参加了葡萄牙人对休达城的探险。尽管他从来没有进行过长距离的航行，只不过是多次海上探险的组织领导者，但是，数百年以后（19 世纪），他被人们称为一个航海家。在休达城时他收集了有关西非的一些真实可靠的消息。他了解到，在阿特拉斯山脉以南有一片撒哈拉大沙漠，然而在这片沙漠中可以遇到一些有人居住的绿洲。当地的摩尔人派出商队穿过沙漠走到一条大河旁，在那里开采黄金和掠夺黑人奴隶。在西非的这条沙漠地带以外确实有 2 条河流：一条向西奔流，名叫塞内加尔河；另一条向东奔流，名叫尼日尔河。15 世纪时人们把这两条河弄混了，甚至认为它们与尼罗河相通。这些消息在航海家亨利王子的心目中与《圣经》里记载的奥菲尔地区神话传说交织在一起：所罗门国王曾在此地开采黄金来建造耶路撒冷的教堂。亨利王子决定无论如何要沿海路到达这个富有黄金和奴隶的国家，于是派出船只沿非洲西岸向前航行。为达到这个目的他终生进行了不懈的斗争。在 40 年中（他死于 1460 年）亨利

圣耶鲁米大教堂

派出了一个又一个探险队，对非洲的大西洋海岸进行探寻，以求获得黄金和奴隶。

　　这座教堂主是为纪念恩利克王子的航海生涯而建的，1502 年，葡萄牙第 14 位国王堂·曼努埃尔下令为恩利克王子建造礼拜堂，当时取名为"贝伦圣母院"。以后不断扩建，逐渐形成了今天这座庞大的圣耶鲁米大教堂建筑群。教堂全部建筑由修道院和教堂组成，均用石灰岩砌成。教堂为博依塔克和卡斯蒂利奥等人设计建造。教堂大殿长 92 米，宽 25 米，被 6 根细长的八角柱隔成了 3 个跨间。后堂长 29 米，宽 19 米，高 25 米，由两根柱子支撑。面积颇大的唱诗台位于门口，台上排列着雕镂木椅和祭台。教堂另一个特点是以令人眼花缭乱的艺术雕像而驰名世界。从护墙到教堂尖顶，自下而上由疏渐密地布满了各种雕像，它们与飞檐上的基督骑士团的十字架浑然一体。两侧有整个的雕像群。拱门有 1517 年古特雷内在葡萄牙创作的第一件作品，即国王曼努埃尔和王后玛丽娅的雕像，弥为珍贵。两侧还有不少哥特式雕像。1572 年曼努埃尔的棺柩也移于教堂内。

1517年大教堂正式建成。这是一个方形庭院，边长55米，内有双层长廊。底层柱与柱之间砌成拱形门状；上层是房间，柱与柱之间有一拱形落地窗，与下方的拱门连为一体，整齐排列。每根柱子上面都饰有圆锥形尖顶。长廊尽头是2座五层多边形塔楼守护，塔楼圆锥尖顶上立有十字架。与塔楼毗邻的是一座双层大楼，楼上楼下全为房间，屋顶上盖有一座2层穹顶多边形塔楼，下半部镂空，上半部封闭，顶上有一个小球形饰物。城楼的建筑可以看出明显受到了伊斯兰教建筑风格的影响。院内餐厅圆顶也美观大方，墙上饰有人像宝石瓷砖。教堂的庭院种满奇花异草，有宫廷花园的美名。

1983年，圣耶鲁米大教堂被列入世界文化遗产名录。

俯看圣耶鲁米大教堂

巴塔利亚大教堂（葡萄牙）

巴塔利亚大教堂，位于葡萄牙滨海贝伦省巴塔利亚市。葡萄牙位于欧洲的西南边陲，它极为有利的地理位置促使葡萄牙早期向南进行海上扩张。1385 年葡萄牙人在阿乐茹巴罗塔战役中击败卡斯蒂利亚人，国王胡安一世为纪念这次战役而修建了这座教堂。故该教堂亦称为"凯旋的圣母玛利亚修道院"，以后历代多有扩建。

巴塔利亚大教堂外景

　　教堂由大殿、礼拜堂、钟楼、墓地等组成，为哥特式建筑风格。主楼为3层建筑，底层是拱形大门，无窗，旁有带阳台顶的平房相接。第二层为拱形窗屋。顶层中间又为一带有凉台的拱形落地火焰状窗，周围是高耸向上林立的尖顶。门廊上镌刻了线条复杂，苍劲有力的木浮雕像和几何图案。大殿长80.27米，宽22米，高32.46米，有侧肋交叉穹顶。胡安一世礼拜堂位于修道院右侧，正方形，边长19.8米。顶部为八角形。中间安放了胡安一世国王及菲力帕王后的石棺，体积高大。圣地亚哥骑士团大首领胡安王子、"航海家"恩利克王子和科英布拉公爵、佩德罗王子墓排列在周围。往西是阿方索五世、胡安二世和阿方索王子三人的墓。具有哥特式与曼努埃尔式相结合的御用修道室长55米，宽50米。稍小的哥特式风格的阿方索修道室长50米，宽14米。在西南角上方是"白鹤钟楼"。尖顶的教士议事厅，下半部为圆柱状，上半尖

巴塔利亚修道院

走进世界著名教堂·

顶笔直向上。一扇 1508 年烧制的彩色玻璃窗点缀其中。1435 年杜阿尔特国王扩建了新礼拜堂，构思新颖，为八角形，系杜盖蒂的杰作。1509 年曼努力埃尔国王又修建了一个前厅和新建大门，门高 15 米，宽 7.5 米，宏伟高大，其装饰手法和风格受到伊斯兰教艺术的影响。

巴塔利亚大教堂建立后，一直受到历代国王的青睐，众多的建筑家、艺术家为之贡献了自己的聪明才智。因之它又被称为"葡萄牙王朝建筑艺术加工厂"，最终形成了葡萄牙哥特式建筑艺术风格，而且还是葡萄牙民族的象征和求得独立的标志，受到葡萄牙人民的尊重和保护。

1983 年，巴塔利亚大教堂被列入世界文化遗产名录。

巴塞尔大教堂（瑞士）

巴塞尔大教堂 Basler Minster 是一座天主教堂。位于瑞士东北边境莱茵河畔的巴塞尔市，是巴塞尔重要的特征之一。巴塞尔大教堂从整体上来说属于哥特式建筑，主体建筑材料是红砂岩，屋顶则是用五颜六色的瓦片铺成，双塔高耸。

大教堂的历史可追溯到查理曼大帝王朝时期。原建筑在匈牙利人 917 年攻占整座城市后遭到了破坏。11 世纪初，亨利二世在巴塞尔修建了一座宏伟的新教堂。12 世纪最后 25 年间，这座教堂逐渐被罗马式建筑取代。1356 年

巴塞尔大教堂

大地震后重新修复成哥特式教堂。1529 年，巴塞尔变成了新教圣地，主教和教士也离开了这座城市，而在这之前，统治该市数百年的主教便居住于此。18 世纪，这座教堂变成了后巴洛克式和新古典风格。

大教堂的正门是哥特式风格，上面还刻有精致的图案。正门两侧，

·走进世界著名教堂·

塑有圣者和勇士故事的雕像。教堂另一侧还有一个罗马式带顶的入口，建筑也很精美，门上有幸运之门等雕像和装饰。主堂气势宏伟壮观。靠墙两侧是圣者们的纪念墓地，1536 年去世的荷兰人文主义作者和思想家伊拉斯谟就长眠在这里。主堂旁的回廊异堂幽静，通往昔日修士们研习修身之所。透过廊间绿地上露出的四角天空，可以望见巍峨的双塔。回廊壁上嵌有 16～17 世纪巴塞尔重要家族的族徽和碑文。

　　巴塞尔大教堂从莱茵河对岸看过来是整体景色最好的。当站在大教堂的庭院内，整个巴塞尔的风光将尽收眼底，甚至连法国境内的沃杰和德国境内的黑林山也在向您的眼睛招手示意。

巴塞尔大教堂

圣加尔修道院（瑞士）

　　圣加尔修道院位于瑞士东部圣加伦州的圣加伦市，是卡洛林式修道院的典型代表。

　　公元612年爱尔兰修士帖留斯隐居于施泰纳赫山谷，修建了祈祷室。至719年康斯坦茨地区主教委派奥特马尔来到这个小教区担任修道院院长，并准备推行本笃会的会规。公元747年，奥特马尔在同一个地方按本笃会会规创办了一座修道院。9至10世纪，圣加尔修道院在院长戈兹伯特的主持下，发展到全盛时期，成为西方

圣加尔修道院

科学文化中心。宗教改革使它成为了一个戒备森严的孤岛，巴洛克时代

末期，院内又增建了一座亲王府第和一座修道教堂。1805 年修道院关闭，成为天主教会行政管理机构。1836 年，修道院被改为大教堂。

修道院中有教堂、图书馆和其他建筑物，教堂是中心，其他建筑按马蹄形排列成封闭式。圣加尔修道院几乎包含了建筑史上重要阶段的所有建筑形式，如柱头装饰是中世纪早期的卡洛林式，有哥特式古修道院的建筑布局，有巴洛克风格的教堂和图书馆，但修道院仍给人一种整体和谐的感觉。而北面和西面更被中世纪晚期的建筑物所包围。

圣加尔修道院的回廊和夹道外是修道院的内庭，回廊两侧的墙上挂着描绘修道院历史的绘画和地图，回廊中有橡木楼梯，二楼为图书馆。它的圣歌学校和美术学校，尤其是书写室在西方基督教社会享有盛名。在这里，抄写员抄写的手稿加上彩饰后极为美观。修道院收

圣加尔修道院图书馆

藏有 2000 多卷珍贵手稿和 1650 卷古本书，其中有中世纪早期的 500 卷羊皮纸法典，还有有重大历史意义的修道院和教区档案文件，包括 7～8 世纪爱尔兰手稿、9～11 世纪的插图手稿和卡洛林时期的修道院平面图。

1983 年，圣加尔修道院被列入世界文化遗产名录。

洛桑圣母大教堂（瑞士）

圣母大教堂位于瑞士日内瓦湖地区首府洛桑旧城，始建于 1150 年，耗时 82 年，才于 1232 年完成。教堂当时是为了奉献给统治罗马帝国的哈布斯家族的鲁道夫国王而修建的。13 世纪末，教皇格列高里五世曾

洛桑圣母大教堂

在此设立主教座，16 世纪以后，这里逐渐成为了新教徒的教堂。教堂整体建筑外观至今保存完好，被誉为是瑞士最美丽、最华贵的教堂。教堂正门上，是 13 世纪时以圣经中的圣徒为主题的雕像，虽然许多颜色已经斑驳，但其精致的程度仍令今人叹喟。教堂内部庄严肃穆，许多石柱上都留有中世纪的彩绘，各种图案与故事构成的彩绘玻璃，在阳光下倒映在教堂地下，形成一种庄严之美。这里最有名的当属玫瑰窗，窗上的彩绘以不同季节与月份所形成的宇宙意象为主题，玄妙精致，美轮美奂。

教堂北面有一座高耸的钟塔，走过通向钟塔的 232 级台阶，从高塔上方可以远眺巍峨的阿尔卑斯山脉和波光粼粼的莱蒙湖以及整个洛桑的景色。这座钟塔之所以格外不同，还在于这里保留了世界上唯一的"守夜报时"习俗。

中世纪时期，由于计时和治安的需要，欧洲许多城市都在教堂里设置一个守夜人的职位。负责守夜的人，除了每个整点准时报时之外，还

洛桑圣母大教堂内部

要从高处巡视整座城市，一旦有火警或者军情发生，要及时通知当地军民加以防范。洛桑在历史上一度遭受东南方强大的萨伏瓦公爵军队的觊觎，为了防止敌人入侵，洛桑大主教在洛桑城四周构建了一个守夜人网络，其中最重要的就是位于城市最高点圣母大教堂上的守夜人，只要发现周边有敌情，他马上敲响教堂的钟，唤醒居民起来自卫。

　　虽然瑞士后来成为了中立的国家，不再有外来敌人入侵骚扰，加之现在家家户户都有计时工具，而且警察和消防的出现也使得守夜人的存在失去实际价值，但是洛桑还是将大教堂传承了700多年的守夜报时传统一直保留到了今天。

　　现在，每天晚上 22：00～次日凌晨 2：00，钟塔上的守夜人就会站在四方形的钟塔上，用法语向四方大喊"现在是××点了！"夜深人静，明月高悬，耳边突然响起守夜人的喊声，仿佛将人带回了那遥远的中古时代。

圣维特大教堂（捷克）

　　圣维特大教堂是捷克首都布拉格最大的，同时也是最重要的天主教堂。与布拉格堡相邻，是哥特式教堂的完美代表。教堂于 1344 年由查理四世下令，在原建于 929 年的圣温塞斯斯教堂原址上修建。1419 胡

圣维特大教堂

斯战争中，教堂遭到破坏，后又经几次修复、扩建，直至 1929 年才正式完工，前后历时 700 多年。教堂长 60 米，宽 12 米，塔顶高 97 米。塔顶有文艺复兴式样的大钟，钟楼有 287 级楼梯，是俯瞰布拉格市景最美的地方。

教堂是一座银座银色的哥特式建筑，其尖塔、尖拱顶与飞浮雕体现了哥德式教堂外观的三大特色，因为历经建筑年代过久，也融合了巴洛克、文艺复兴等风格。教堂的大门是朝南方向的金色大门，门上有查理大帝与 4 位主要建筑师的半身砂岩浮雕，教堂内部以彩色玻璃窗与拱廊营造气氛，窗户有哥德式、罗马式和文艺复兴式等多种形式，大小不一。布道大厅四壁布满各式花纹图案，还悬挂着许多名贵油画、木刻画。大厅四周环绕着一圈共 18 个礼拜堂，以及无数圣贤、王公的棺椁。圣殿内侧里圣约翰之墓是 1930 年时由建筑师艾拉许运用 20 吨银打造，并装饰以众多浮雕木刻的华丽之墓，据说他的圣骨迄今仍未腐烂。再往前走则是圣温萨斯拉（Kaple sv. Vaclava）祭堂，宝石磨光拼凑的图画墙、镶金光亮的哥德式金塔圣礼祭坛，件件都是艺术精品，让人大开眼界。特别值得一提的是，教堂里收藏有 14 世纪神圣罗马帝国兼波希米亚国王查理四世的纯金皇冠、金球等贵重文物及捷克历代国王的画像、雕像。

教堂是历代皇帝举行加冕典礼的场所，有"建筑之宝"的美誉，如今这里收藏有 14 世纪神圣罗马帝国间波希米亚国王查理四世的纯金皇冠、金球及令牌，教堂的地下室则为皇室陵墓，保存了查理四世和他的 4 位妻子、温斯拉夫国王、玛丽亚泰瑞莎女皇等的坟墓，此外这里还可发现 10 世纪最初为圆形教堂的地基所在。

圣乔治教堂（捷克）

圣乔治教堂位于捷克首都布拉格，就在圣维特大教堂后方。圣乔治教堂是捷克保存最好的仿罗马式建筑，是布拉格第二大天主教堂。教堂由普舍美斯王朝时期弗拉迪斯拉夫一世（915～921年在位）下令修建，主体建筑于920年建成。12世纪教堂被焚毁后重建为罗马式。后扩大修建多次，成为市内首屈一指的罗马式大教堂。最近一次修建是在19世纪末20世纪初。教堂整体呈长方形，外墙为红色，有宽度不同的南北2座白色尖塔。教堂南侧大门上有圣乔治降龙的浮雕，极其精美。一旁的圣乔治女修道院是波西米亚第一个女修道院，曾在18世纪被拆除改建为军营，现在为国家艺廊，收藏14～18世纪的捷克艺术作品，包括哥特艺术、

圣乔治教堂

文艺复兴和巴洛克等不同时期的绘画作品。

埃斯泰尔戈姆大教堂 （匈牙利）

埃斯泰尔戈姆大教堂，又名埃斯泰尔戈姆圣母升天大教堂。是匈牙利是规模最大、级别最高的教堂，也是欧洲第二大教堂，世界第四大教堂。位于距布达佩斯北面 20 千米的埃斯泰尔戈姆市的城堡山上，与斯洛伐克仅隔一条蓝色的多瑙河。

埃斯泰尔戈姆从 10 世纪晚期到 13 世纪中期一直是匈才利的首都。匈牙利第一位国王圣·伊什特万一世就在这里出生。公元 1000 年，圣·伊什特万一世建立封建国家，成为匈牙利第一位国王，并将天主教定为国教，设埃斯泰尔戈姆为大主教区，大兴土木修建大教堂、皇室和大主教的豪宅大院。1198 年，匈牙利国王把这儿的宫殿全部交给了大主教，埃斯泰尔戈姆也因此成为匈牙利的教会中心。1543 年，土耳其人攻占埃斯泰尔戈姆，教堂成为一片废墟。1820 年，匈牙利的主教团重新迁到埃斯泰尔戈姆市，大教堂重建工程同年动工。兴建大教堂的计划首先是克纳尔·帕力；制订的，他去世后由鲍克·亚诺什继续主持这项工作。鲍克·亚诺什把 1600 多块原教堂废墟中收集的雕塑碎片重新复原，在大教堂内重现这些原中世纪艺术精品的风貌。鲍克·亚诺什被人杀害之后，这一工作由一位古典式的建筑大师希尔德·约瑟夫承接。1856 年 8 月，埃斯泰尔戈姆大教堂举行了隆重的揭幕仪式，大音乐家李斯特指挥演奏了他专门为大教堂谱写的《大弥撒曲》。其实那时工程远没有结束，到 1869 年年底土木工程才最后完工，全部工程用了将近

50 年。其后，内部和外部的装潢又进行了多年，意大利、德国、奥地利和匈牙利的雕塑家利画家们都参与了浮雕、雕塑和绘画等工作。

如今的大教堂坐西向东，雄踞于城堡山中央，背靠多瑙河，前临圣伊斯特万广场。教堂本身是一座新古典式的十字形建筑，由巨大的科林斯式圆柱支撑。正门并非木刻，而是由砂岩构成的。正门前面有 13 级台阶，台阶前面立有圣母玛丽亚像。教堂内的装饰富丽堂皇，内墙角与穹顶下的墙壁上有几位匈牙利著名人士的画像和塑像。正厅平面呈十字形，圣坛上悬挂着的巨幅"圣母升天图"是复制威尼斯画家米开朗基罗的名画，画高 13 米，宽 6.5 米，据说是世界上最大的一幅在一块画布上完成的杰作。画面构图宏伟，用色艳丽，突出动感，透出庄严凝重的宗教气氛。

埃斯泰尔戈姆大教堂

　　大教堂中珍藏着匈牙利国王宣誓的金十字架、法国王后赠送的镶有213 颗天然珍珠和 70 颗宝石的耶稣受难像等。教堂地下为历代大主教的墓室。

　　大教堂圣殿高 71 米、长 117 米。当圣殿内的有管风琴音乐会演奏时（每场 40 分钟），回声可以长达 9 秒。不管懂不懂天主教的历史，甚至不管懂不懂古典音乐，在这绕梁的乐声中，每个听演奏的人的心灵都会感到前所未有的宁静平和。

克里姆林宫的大教堂（俄罗斯）

　　俄罗斯首都莫斯科城中心的克里姆林宫是世界闻名的建筑群，享有"世界第八奇景"的美誉。1156 年，尤里·多尔果罗基大公在其分封领地的波罗维茨低丘上修筑了一个木结构的城堡，取名"捷吉涅茨"，这就是克里姆林宫（俄语"克里姆林"的意思是"城堡"）的雏型。莫斯科就是从这个城堡逐步发展起来的。13 世纪，蒙古人占领了俄罗斯。200 多年后，莫斯科大公伊凡三世摆脱了蒙古统治者，在莫斯科定都，克里姆林宫随即成为皇家宫殿。此后，伊凡三世陆续聘请了许多意大利著名建筑师，重新扩建了今日的克里姆林宫及其东北侧城墙外的广场——红场。19 世纪初，莫斯科在拿破仑大军进攻下成为一片废墟，好在城市并未沦陷，统治者于战后除了迅速恢复克里姆林宫的旧有规模外，还在红场上增建了不少讲究色彩装饰的教堂。历史上，克里姆林宫曾经 3 次重建，现存的城墙和建筑多半为 15 世纪伊凡三世时期进一步扩建而成的。由于当时希腊正教的重心由君士坦丁堡迁移到莫斯科，在宗教的影响下，这里的教堂及宫殿建筑出现了拜占庭风格的金色圆顶；此外，参与扩建的建筑师均为意大利名匠，他们在原来的中古俄罗斯传统建筑上又融合了意大利文艺复兴式样，使克里姆林宫成为独特的俄罗斯式建筑。15 世纪末，意大利著名建筑师及俄国工匠开始修建克里姆林宫外的城墙。今天的克里姆林宫由一道全长 22.35 米、厚 6 米、高约

20米的砖红色围墙包围，内部面积达 28 万平方米。除了 4 座城门、19
座塔楼外，宫墙内还有许多壮观的建筑，包括教堂、皇宫及办公大楼
等，规模十分庞大。

　　克里姆林宫内的中央是古老而神圣的教堂广场，这里是是莫斯科
最古老的中心城区，有着克里姆林宫最美丽，最壮观、最辉煌的教堂
群，也是世界上最美丽的建筑群，保存了俄罗斯最优秀的古典建筑和其
他文化遗产。教堂广场广场的西侧是建筑年代最早、最有名气的圣母升
天大教堂，这座教堂是一座巍峨壮观的白色石头建筑，建于 15 世纪后
期，它是文艺复兴的欧洲风格和拜占庭传统相结合建筑，其山字形拱门
和 5 个金色圆顶带有俄罗斯东北部的风格。教堂由意大利建筑师修建。
500 多年来圣母升天大教堂一直是俄罗斯最主要的教堂，最重要的国家
法令都在这里颁布；大公和沙皇在这里登基；历代皇帝在这里加冕。近
几年，政府首脑曾多次在此召集全俄教会上层人士，商讨国事。该教堂

教堂广场

内，在四面墙壁及天花板上都画着圣母像，这种贴有金箔的宗教画，已成为俄罗斯的重要文化遗产。教堂内有圣像画收藏库，它是俄罗斯最大的具有极高艺术价值的圣像画库之一。历代莫斯科大主教，还有后来历代俄罗斯东正教总主教，都安息在这座教堂里，沿墙排列着他们的墓穴。广场南侧的天使报喜大教堂最早建于1485～1489年间，端庄凝重，造型美观，顶端有9个金色圆顶，是皇族举行洗礼与婚礼的地方。报喜教堂对面是大天使教堂或叫天使长教堂，兴建于16世纪初叶，有一个大金顶和4个小银顶，既保持了俄罗斯五穹顶教堂建筑的传统风格，又在外观上表现了文艺复兴时期威尼斯建筑的特点。这座教堂是彼得大帝以前莫斯科公国历代帝王的墓地，里面埋葬着沙皇及皇室成员的棺椁，共有46口铜棺，里面安卧着52位大公或者沙皇，其中包括伊凡三世和伊凡四世的棺椁。这些大公和沙皇的遗体原来都安放在白色石棺里，到20世纪初石棺外面用专门的青铜材料包覆起来，所以游人现在看到的是一口口"铜棺材"。圣母升天大教堂西边是规模比较小、只有一个穹顶的教堂，叫做解救耶稣基督教堂。这是皇室专用的教堂，它是由普什科夫工匠在1484～1485年间建造的，造在比较高的台基上，所以要先上十几级台阶才能进其大门。广场的北端是牧首宫和十二使徒教堂，尔侧是伊凡大帝钟塔。钟塔高81米，是克里姆林宫中的最高建筑物。建于16世纪初叶，原为3层，1600年增至5层，冠以金顶。从第二层往上逐渐变小，外貌呈八面棱体层叠状。每一棱面的拱形窗口，置有自鸣钟。1532～1543年在其北又建4层立方体钟塔楼。若沿伊凡大帝钟塔楼的台阶而上，登入塔楼之顶，莫斯科全景可一览无余。

1990年，克里姆林宫被列入世界文化遗产名录。

救世主大教堂（俄罗斯）

救世主大教堂位于莫斯科，是世界上最高的东正教教堂，也是最大的东正教教堂之一。该教堂是拿破仑战争后，在1812年12月25日由沙皇亚历山大一世下令修建的，其目的是为了感谢救世主基督"将俄罗斯从失败中拯救出来，使她避免蒙羞"，并纪念在战争中牺牲的俄罗斯人民。

救世主大教堂的设计方案几经修改。最初的设计完全参照罗马的万神殿，为圆形建筑，天穹有圆形天窗。此后的几个设计方案先后采用了威尼斯拜占庭风格和新古典主义风格，并糅合进大量共济会的象征性符号（亚历山大一世是共济会成员）。亚历山大一世去世后，他的弟弟尼古拉一世继位，尼古拉一世是一名虔诚的东正教徒，反对新古典主义和共济会的建筑形式。在他的命令下，设计师托恩参照君士坦丁堡的索非亚大教堂，设计了一座新拜占庭风格的教堂。设计图纸于1832年通过，建筑地点也由原来的莫斯科城制高点——麻雀山改为克里姆林宫西南侧、莫斯科河畔。原址的一座女子修道院和一座教堂被迁往他处，救世主大教堂的建造工作于1837年开始。

1883年5月26日，在沙皇亚历山大三世加冕的同一天，救世主大教堂正式竣工。

救世主大教堂此后成为俄罗斯乃至世界上最大的东正教教堂之一，并成为全俄罗斯东正教普世大牧首的主教堂，教堂内能容纳万名信徒。

救世主大教堂

　　十月革命后，俄国东正教会遭到迫害，教会财产被没收，教堂被查封。救世主大教堂也停止了一切宗教活动，并被关闭。教堂周围成为莫斯科市民散步游玩的场所。1931年，联共中央决定修建庞大的苏维埃宫，其地址选在了救世主大教堂的基址上，为此决定将救世主大教堂拆毁。从1931年初开始，教堂的镀金圆顶、十字架、铜钟、上层柱廊和基座上的浮雕被陆续拆除，教堂的铜门、壁画、壁板、大理石雕塑、吊灯和残存东正教法物也被拆走。1931年12月5日，救世主大教堂的残余建筑被炸毁，夷为平地。

　　由于缺乏资金、地基不牢、莫斯科河发生洪水以及战争爆发等原因，苏维埃宫最终未能建成。救世主大教堂的废墟在此后20多年间一直保持荒芜状态，原地下室被水淹没。赫鲁晓夫当政时期，下令将其改为公众游泳池。

　　苏联解体前夕，俄国东正教会接到许多要求重建救世主大教堂的请愿。1990 年 2 月，在救世主大教堂原址举行了重建奠基仪式。苏联解体后，于 1992 年成立了重建基金，并在 1994 年接到大量捐助。1996 年，新救世主大教堂的下半部分（耶稣变容大教堂）举行了祝圣仪式。整座教堂的重建工作于 2000 年 8 月 19 日竣工。

新建的救世主大教堂属于典型的拜占庭风格，占地 1100 平方米。教堂耸立在高高的台阶上，外立面用白色大理石建造，有 3 扇大门。门上、墙上装饰有众多的圣像和各种花纹。教堂顶部一大四小簇立着 5 个金光闪闪的圆顶，居于中央的洋葱头式的大圆顶高达 103 米，为这个圆顶用掉的金箔多达 103 千克！教堂内部装饰为带有巴洛克式风格的彩绘和古典主

救世主大教堂

义宗教壁画。穹顶极高而深，穹顶壁画需完全仰视才能窥其全貌。教堂内部装饰色彩并不多样，以金、红、绿、白 4 色为主。但用于书写经文的古俄罗斯花体字及各种像的衣饰均极其繁复，因而整个内部装饰显得极其奢侈、堂皇、华丽。

圣瓦西里大教堂（俄罗斯）

　　圣瓦西里大教堂为俄罗斯东正教教堂。亦称波克洛夫大教堂、圣母大教堂、瓦西里·勃拉仁内教堂。位于俄罗斯首都莫斯科市中心的红场南端，紧傍克里姆林宫。于1555～1561年由俄罗斯建筑师巴尔马和波斯特尼克根据伊凡四世的命令主持修建。这座教堂是为纪念16世纪中

升天瓦西里大教堂

叶俄罗斯国家生活中的一次重大历史事件——征讨、战胜和兼并喀山罕国而建的。后因曾有一个名叫瓦西里的修士在此苦修，最终死于该教堂而得名。"勃拉仁内"在俄语里是仙逝、升天的意思。这座教堂因其外貌的独特和华美而举世闻名，被称为"用石头描绘的童话"。它是显示16世纪俄罗斯民间建筑艺术风格的丰碑。整个教堂由9座塔楼巧妙地组合为一体。在高高的底座上耸立着8个色彩艳丽、形体下满的塔楼，

簇拥着中心塔。中心塔从地基到顶尖高47.5米，鼓形圆顶金光灿灿；棱形柱体塔身上层刻有深龛，下层是一圈高高的长圆形的窗子。其余8个塔的排列是：外圈东西南北方向各1个较大的塔楼，均为八角棱形柱体、鼓形圆顶；在此4个塔楼之间的斜对角线上是4个小塔楼，建筑装饰简洁紧凑，借助斗拱与大塔楼相连。8个塔楼的正门均朝向中心教堂内的回廊，因此从任何一个门进去都可遍览教堂内全貌。教堂外面四周全部有走廊和楼梯环绕。教堂内部，几乎在所有过道和各

升天瓦西里大教堂

小教堂门窗边的空墙上都绘有16～17世纪的壁画。殿堂分作上下2层，且早已作为展览厅使用。有一间展室的底层几乎是一间暗室，只有尖拱型细小缝供通风用。这里在1595年以前存放过大量官款，现在陈列着16～17世纪的文物。与中心教堂相通的8个小教堂面积不大，其中东

南塔内面积只有 12 平方米。

　　1912 年，圣天瓦西里大教堂因其破旧不堪而被俄罗斯文物保护协会视为危旧房。十月革命后，政府开始修复工作。1918 年始修复大圆顶和西塔大门，20 年代末 30 年代初陆续修缮其他部分，沿保留下来的白色石基座复原了门前台阶；内部修复在 30 年代中期完成，1956～1965 年中心教堂的壁画由艺术家仿 16 世纪原貌重新画过。1967～1969 年，教堂圆顶表面的铁板由政府出资改为铜板，同时顶部十字架和镂花檐板重新镀金。这项工程繁复浩大，仅为覆盖几个圆顶就耗费 1 毫米厚的铜箔约 30 吨。1980 年正门和外部回廊得以复原。

　　圣瓦西里大教堂历史上只有很少时间被使用过。它现在是国家历史博物馆的一个分馆，作为建筑文物供人参观。

喀山大教堂（俄罗斯）

　　喀山大教堂为俄罗斯东正教教堂，位于圣彼得堡市中心、涅瓦河畔的涅瓦大街。这座教堂是专为存放俄罗斯东正教的重要圣物——喀山上帝之母圣像而建造，并因此而得名。教堂是根据沃罗尼欣的设计于

喀山大教堂一角

走进世界著名教堂·

喀山大教堂

1801～1811 年建成。

　　大教堂建筑平面呈十字形，正门两侧有造型严谨的古典式柱廊向外延伸，宏伟壮观，形成一个半圆形广场。大教堂的整个风貌显示出帝国风格特征。建筑家在设计喀山大教堂时面临不少困难。根据东正教教规要求圣堂必须面向东方，因而必然造成教堂往往是侧面对着主要大街。建筑师把侧面设计得非常壮丽，使人一看到它，就感到它的感人可敬。这种处理方法极其大胆，富有特色。高大的圆顶居中耸立在一排排圆柱上空，70 米高的圆顶与 94 根阿根柯林斯式圆柱组成的长廊形成了强烈反差。大教堂正面的浮雕、北面柱廊上的雕刻、殿内装饰和油画均出自名家之手。

　　喀山大教堂的内部不大像一般的教堂，而更像一座宫殿。它明亮、

轻快。以柱列分隔的长形主堂高大宽敞，中央穹顶辉煌华丽，仰视可见一幅圣母图，周边饰以圣经人物雕刻和水彩壁画。大教堂在抗击拿破仑的战争年代，其宗教意义已退于次要地位。殿内存放过缴获的战旗和一些欧洲城市和城堡的钥匙。1813 年，俄军统帅库图佐夫的灵柩被安葬在教堂北侧祭坛。1837 年在教堂前广场上落成库图佐夫和巴克莱·德·托利统帅石雕。至此喀山大教堂成了 1812～1814 年卫国战争纪念馆。

1932 年起喀山大教堂辟为国家宗教与无神论历史博物馆。这是世界上第一个以说明宗教历史、宣传无神论为目的的博物馆。馆内收藏的展品涉及人类历史上存在过的各种宗教，多达 17 万件以上，其中有些反映人类原始宗教信仰的崇拜物和反映现代宗教信仰的展品是迄今世界上独一无二的。在"东方宗教"馆可以见到佛教和道教的陈列品，还有俄国汉学家阿列克塞耶夫于 1906～1907 年间收集的中国民间年画，共3000 幅！这是世界上最好的中国年画整套藏品之一。该博物馆所设图书馆是前苏联国内宗教史文献、无神论史类和宗教学研究著述藏书最多的图书馆，曾作为中心机构向其他加盟共和国的博物馆提供指导。

谢尔盖圣三一大教堂 （俄罗斯）

谢尔盖圣三一大教堂为俄罗斯最著名的大教堂之一，坐落在莫斯科东北 71 千米的谢尔盖耶夫市（扎戈尔斯克市）。创建人是谢尔盖·拉多涅日斯基，是一位杰出的宗教活动家。1337 年，他在荒郊丛林中建立一座圣三一小教堂和小道房，后凡来此修身的人都自造道房，自辟膳食用地，逐渐发展成富有的大修道院。修道院曾拥有大片土地，存贮大批粮草、武器、弹药，成为大封建庄园，也是莫斯科北方的防御重镇。修道院 1608～1609 年抵御了波兰军队连续 16 个月的围困；20 世纪初反击瑞典武装干涉也相当出色。修道院建筑原为木结构，后遭受蒙古军焚烧。1540～1550 年改成石墙，高 5 米。17 世纪初石墙被增高到 8～15 米。

今天的大教堂是俄罗斯古典建筑群的代表，它拥有不同世纪不同形式的许多教堂和附属物，包括圣三一教堂、杜霍夫斯基降灵教堂及塔楼、圣母升天教堂、斋房、11 座塔楼、慈善医院等。

其中圣三一教堂最为著名，建于 1423～1442 年，为俄国早期白石建筑艺术的典范。圣三一教堂内有修道院创建人谢尔盖的陵墓和著名画家的壁画。建于 1682～1692 年的富丽堂皇的白石砖砌斋房大厅，长 70 米，宽 15 米，是举行隆重集会的地方；1741～1769 年修建的五层钟楼，高达 87 米，内有挂钟 42 口。教堂内外高墙如嶂，塔楼林立，殿堂巍峨，气象壮丽。圣母升天教堂仿克里姆林宫的圣母升天大教堂而建，

谢尔盖圣三一大教堂

教堂有 5 个漂亮的蓝色圆顶，教堂内还保存着 17 世纪的壁画。

这里在 1742 年开办宗教学校；1744 年获大教堂称号，直属俄罗斯东正教会主教公会管辖；1814 年莫斯科神学院迁此。每逢复活节、圣诞节等重大宗教节日，教会的高级僧侣都在此主持隆重的圣事。1920年大教堂被列为国家历史博物馆保护区。1988 年以后，大教堂恢复了正常的宗教职能。

1993 年，谢尔盖圣之一大教堂被列入世界文化遗产名录。

彼得保罗大教堂（俄罗斯）

彼得保罗大教堂是俄罗斯古教堂，坐落在圣彼得堡市涅瓦河畔。18世纪之前，沙皇俄国的一大弱点就是缺少通海门户，当时对外贸易往来的唯一海港是北冰洋上的阿尔汉格尔斯克。但该港位于北极圈附近，气候寒冷，结冰期漫长，一年的通航期不到半年光景。若要与欧洲主要国家联系，就得取道北冰洋和大西洋，航程远达数千海里。这对于图谋向外侵略、扩张的沙皇帝国来说是极不利的。于是，彼得一世于1700年发动了"北方战争"，从瑞典人手中夺取了芬兰湾东端的涅瓦河口，在波罗的海之滨取得了一处立足点，获得了通向欧洲的新门户。

自夺得涅瓦河口之日起，彼得一世就在此安营扎寨，并立即兴师动众、大兴土木。从1703年起，在涅瓦河三角洲上建起了一座要塞和城堡——圣彼得堡。同时，大教堂也为了纪念圣徒彼得·保罗而隆重奠基。它是彼得·保罗要塞内的主要名胜古迹（要塞即彼得堡旧城，因该教堂的建成而被俗称为彼得保罗要塞），也是彼得堡最早的象征物。这座教堂原是木结构，1712年改建成石砌建筑，1733年完工。为一座巴洛克式风格的教堂，瑞士建筑师多梅尼科·特列津尼主持设计建造。外表线条简洁，形象庄严肃穆。一座高大尖顶的钟楼威武地屹立着——从远处就可以看见它那金光闪闪、垂直的金属尖，陡然冲破要塞矮墙。教堂钟楼尖顶高123米，是全城最高的建筑。顶尖高40米，为金属结构，表面用薄金粘贴而成。上端是一个做成天使十字架形状的风向标。天使

彼得保罗大教堂

高 3.2 米，翼展 3.8 米。但从地面仰望却显得很小，似乎远在天边。1720 年教堂的钟楼上曾装有音乐报时钟，1756 年毁于水灾。1776 年又新装自鸣钟。钟的机械部分由荷兰工匠克拉斯造，有 11 个钟铃——最小的重 16 千克，最大的重 5 吨。1952 年自鸣钟又被改造，每昼夜可自鸣 4 次，及时向人们报时，并成为要塞的一大景观。

彼得保罗教堂的内部装修也很特别。橡木雕成的涂金圣像壁装饰成一座三开间的凯旋门。圣像壁上的每一组图案加工极其精细准确。这项工作是由两名俄国工匠特里丰·伊万诺夫和伊万·杰列加花了 4 年时间完成的。教堂四壁以鲜亮的颜色为基调装饰，拱顶雕有各式图案，弧形窗边挂有 18 幅以福音故事为题材的绘画，这些画是彼得大帝时期的艺术家 A·马特维耶夫、R·格泽尔、B·依格纳契耶夫和 N·别尔斯基

等人所绘。大厅悬挂着镀铜吊灯和有色水晶灯架，内壁饰有 43 幅精雕细镂的木刻雕像。彼得大帝和罗曼诺夫王朝家族有多人死后均葬在这里。他们的陵墓在教堂南门离祭坛不远的地方。亚历山大二世夫妇陵墓上的墓碑特别引人注目。石棺是用阿尔泰玉石和乌拉尔蔷薇辉石作的，仅这项工作就耗费了 17 年时间。

　　大教堂亦曾被作为显耀俄国武力的博物馆。这里陈列过 18 世纪俄国军队与瑞典和土耳其作战期间缴获的各种证章、城门和要塞的钥匙。20 世纪初这些战利品被分散到其他博物馆展出，现在教堂内只有 42 枚证章的复制品。1924 年起该教堂被辟为博物馆。

斯摩棱斯克大教堂（俄罗斯）

斯摩棱斯克大教堂是俄罗斯境内最为著名的修道院之一，也是莫斯科市区规模最宏伟的宗教建筑群之一。坐落于市西南的新圣母修道院中，紧靠横跨莫斯科河的浅滩，距克里姆林宫大约 4 千米。这里是通向莫斯科市的要冲之地，因此该修道院具有保卫首都门户的要塞意义。修道院始建于 1524 年，由莫斯科大公瓦西里三世主持。修道院为纪念俄罗斯收复斯摩棱斯克而建，故院内最古老的石结构教堂名为斯摩棱斯克大教堂。正是这些石结构，使教堂在多次战争中幸存，即使是 1812 年卫国战争中的莫斯科大火也未能对它们有所损伤。教堂内陈设有 16 世纪的油画和 17～18 世纪的圣像。16 世纪后半叶至 17 世纪末围绕斯摩棱斯克大教堂兴建

斯摩连大教堂

斯摩连大教堂

和改建的石结构教堂有：阿姆弗罗西耶夫教堂、特拉别兹教堂和伊琳·
戈杜诺娃宫、圣母升天教堂、钟楼、单人住的小修道室、围墙和塔楼
等。这些建筑是中世纪俄罗斯建筑艺术的传统特点和 17 世纪末新教的
装饰性手段的有机结合。

　　4 个多世纪以来，斯摩棱斯克屡屡成为俄罗斯国家重大历史事件的
中心：1598 年这里曾举行鲍利斯·戈杜诺夫的沙皇加冕典礼；1612 年
8 月，抵制波兰干涉和解放莫斯科的决定性战役在该教堂围墙边打响；
17 世纪末，教士们参与了彼得大帝与其异父异母姐姐索菲亚·阿列克
谢耶夫娜之间争夺皇权的政治斗争，结果彼得大帝获胜，由此大教堂获
得了失宠公主驻地的称谓；1812 年教士参加了反对拿破仑的战争，从
法国人手里将濒临毁灭的斯摩棱斯克大教堂抢救了出来。1922 年大教
堂辟为博物馆，1934 年起作为国立历史博物馆的一个分馆。

斯摩棱斯克大教堂自修建以来就将其领地辟为墓地。早在19世纪，大教堂墓地已成为莫斯科的名胜，至今仍保持这一声誉。墓地埋葬着1812年卫国战争中死难的烈士和历史名人。在墓地最古的部分（16～17世纪）斯摩连大教堂底层，18世纪初曾葬过彼得大帝的姐姐索菲亚·阿列克谢耶夫娜公主和彼得大帝第一任妻子耶夫多基雅·费多罗弗娜·洛普希娜。1898～1904年墓地进行扩建。新墓地占地7公顷多。许多前苏联党和国家的杰出领导人，前苏联红军将领和战斗英雄，俄国和前苏联的学者、作家、导演、艺术家等都葬在这里。墓地上林立的墓碑大多出自前苏联最优秀的雕塑艺术大师之手，这使斯摩棱斯克大教堂墓地实际上成了一座别具一格的雕塑艺术博物馆和艺术名胜。

2004年，大教堂随新圣母修道院被列入世界文化遗产名录。

赫尔辛基大教堂（芬兰）

　　赫尔辛基大教堂是赫尔辛斯最著名的建筑，建于 1852 年，出自德国建筑师恩格尔之手。大教堂矗立于游客聚集的参议院广场中心，教堂所在的高地高出海平面 80 多米。一眼望去，希腊廊柱支撑的乳白色教堂主体和淡绿色青铜圆顶的钟楼十分醒目，宏伟的气势和精美的结构使

赫尔辛基大教堂

其成为芬兰建筑史上的经典，也成为赫尔辛基市的地标性建筑。大教堂前是参议院广场，东西两侧分别为内阁大楼和赫尔辛基大学，南面不远处是总统府、最高法院和市政厅所在地。在铺满古老石块的参议院广场中心，竖立着建于1894年的沙皇亚历山大二世铜像，以纪念他给予芬兰广泛的自治。从参议院广场到赫尔辛基大教堂，只需要百级石阶，却也正是这百级台阶，尽显教堂与俗世的不同，赫尔辛基大教堂的美和神圣深留于游客心中。

赫尔辛基大教堂是一座路德派新教教堂。教堂平面呈对称的希腊十字形，能容纳1300人。教堂内四面都有希腊神殿式的白色柱廊和三角楣饰。主入口位于西侧，祭坛位于东侧。教堂顶中央有一个绿色的大圆顶，四周有4个绿色的小圆顶。此外还有2个单独的钟楼。宏伟的建筑内有很多精美的壁画和雕塑，屋顶还有十二门徒的镀锌雕像。每当教堂钟声响起，整个广场都一片肃静，众多游人一同静静感受着这种唯有宗教才能带来的让心灵宁静的珍贵一刻。

赫尔辛基大教堂

斯德哥尔摩大教堂（瑞典）

斯德哥尔摩大教堂位于瑞典首都斯德哥尔摩老城区瑞典王宫的西侧，是一座绿色尖顶的大教堂，建于 13 世纪，是斯德哥尔摩城最古老的教堂。这个全城最古老的教堂，其历史可上溯到 1279 年，但它的建筑连续不断地遭到修改和调整，最后一次是在 1736～1745 年间，建筑

斯德哥尔摩大教堂

师卡伯格在建筑物上添加了美丽的带钟表的塔楼。自 15 世纪始所有瑞典国王的加冕仪式都在此大教堂举行。

斯德哥尔摩大教堂在 1279 年首次以书面形式提及，1527 年成为一座马丁·路德的新教徒教堂，今天成为斯德哥尔摩大教堂。教堂并不高大，但气度庄严。教堂前面有一个方尖碑，是为纪念瑞典与俄罗斯争夺波罗的海出海口而建的。教堂内收藏有历代皇家骑士徽章，装饰有北欧最古老的木雕，其中最著名的是 1489 年伯思特·诺特科雕刻的圣乔治屠龙木雕。这是北欧最大的一件木雕。雕刻家把瑞典军队比喻为圣乔治，把敌国丹麦比喻为恶龙。用华丽而细腻的技法完美地表现了当时斯德哥尔摩军民的志愿。

乌普萨拉教堂（瑞典）

乌普萨拉教堂地处瑞典东部、斯德哥尔摩正北方的乌普萨拉市中心，濒临费利斯河和梅拉伦湖，是北欧最古老的教堂，也是斯堪的纳维亚半岛最大的天主教堂。

乌普萨拉曾为瑞典旧王朝的故都。12 世纪时，瑞典各公国经常在此召开会议。它也是当时著名的宗教圣地，乌普萨拉现已成为世界上小有名气的文化城市。

乌普萨拉教堂

乌普萨拉教堂

始建于 1287 年，竣工于 1435 年，据说教堂的设计师是参与法国巴黎圣母院建造工作的建筑家波尼优尔。后教堂因火灾屡经修建，19 世纪末

连其外观都重新修葺过，因而已失去其原有的风采。

现在的乌普萨拉教堂是一座红砖建造的哥特式雄伟建筑物，2 座尖塔高达 118.7 米，远远就可以看见。教堂内部金碧辉煌，以文物丰富闻名。门楼上的大风琴，风管有碗口粗。这里是瑞典国王举行加冕典礼的圣地，也是瑞典国王古斯塔夫一世、著名的瑞典植物分类学家和科学家韦登堡等名人的墓地。教堂内藏品丰富，保留着 14 世纪的中国丝绸，有的墙上还有记载着一些名人的生平和经历的战役的字画等。教堂所在的小山顶上有一古老的宫殿和两尊古炮，在这里可以俯瞰乌普萨拉古都的全景。

奥尔内斯木板教堂（挪威）

奥尔内斯木板教堂，也称阿斯教堂。由于教堂内部圆木柱子像船的桅杆，所以又叫"桅杆教堂"。教堂坐落于松内湾郡的挪威名胜奥尔内斯古城的群山环抱之中，始建于 12 世纪，是挪威现存的 30 余座古木板教堂中最著名的一个。

教堂之所以举世闻名，不仅因为建造年代久远，而且由于其建造质量好，装饰漂亮。此外，它还向人们揭示了关于所谓"黑暗"木头建筑艺术的发展情况。奥尔内斯木板教堂的背后是长满林木的山麓，前面有石块垒成的围墙。教堂建筑外形构思奇特，为四方形的 3 层建筑，全部用木材建造，每层都有陡峭的披檐，上有尖顶，外形很像东方式古庙。教堂里保存有许多 12 世纪的精美木雕画，其中不少是方形的浮雕板，周围有人像浮雕装饰，还有雕有叶饰和龙饰的墙裙。浮雕的风格与威尔金人的艺术风格很相似，这显然是由于挪威与爱尔兰之间交流产生的。这种艺术风格，从奥尔内斯木板教堂的浮雕上看，表现出一种更高层次的宏大气势与强烈力度。教堂内有中世纪的陈设，如一个木质耶稣受难群像和两个利莫格斯的装饰铜蜡台。圣台与布道坛、边座、唱诗班的屏饰、靠背长凳和壁画都是 1700 年以前的物品。教堂的屋角上有巨大的木支柱，上面由梁和承梁所固定，内部的其他支撑件相对减少。从教堂的平面图看，很容易使人联想起那种里面有木头柱廊的大教堂。

考古发现表明，这种木板教堂是在北欧尚未基督化以前修建的，那时候，正是木板教堂建筑盛行的年代。1000 年前后，到北欧来的第一批基督教传教士也接受了这种木头建筑的传统。到 13 世纪，才出现了用石头作屋基以及用砖砌造的教堂。因保存完好，奥尔内斯木结构教堂被称为"斯塔布希尔凯的女王"。

1979 年，奥尔内斯木板教堂被列入世界文化遗产名录。

木板教堂

洛斯基尔德大教堂（丹麦）

　　洛斯基尔德古城位于丹麦西兰岛的中心部位，无论在政治还是在文化方面，都在丹麦历史上曾占有显著的地位，是丹麦的一座商业中心、交通枢纽和教育、研究、贸易和旅游的中心。

　　洛斯基尔德大教堂是丹麦古城洛斯基尔德的标志性建筑。教堂建于1170年，是北欧地区的第一座哥特风格的砖结构教堂，该建筑风格影响到几乎所有北欧地区的教堂。自15世纪成为丹麦王室的陵墓地后，

洛斯基尔德大教堂

一些门廊和小礼拜堂被陆续添加到大教堂的主体建筑中，这种情况一直持续到19世纪末期。它是欧洲宗教建筑发展的一个缩影。

国王哈拉德·蓝牙是洛斯基尔德城的奠基人，他在目前洛斯基尔德大教堂的位置上建造了第一座木制教堂，并最终也被埋葬在此。城市很快成为丹麦的政治和宗教中心。大约到公元1020年，城市已经具有现在的雏形，当时在大教堂周围约有14座教堂，5座修道院。中世纪时期，洛斯基尔德城被认为是北欧地区最大和最重要的城市之一，人口约为5000～10000。

那时，大教堂坐落的高地位于城市的中心。丹麦历史上著名的女王玛格里特一世约于1415年被埋葬于大教堂内，从此大教堂成为丹麦王室所喜爱的身后下葬地点。到现在，丹麦共有38位君主和王后安葬在此。1536年的改革成为洛斯基尔德城的转折点，天主教廷管理消失，教堂周围的修道院也渐渐被拆除。城市的败落也很快。但后来随着丹麦历史上的第一条铁路在洛斯基尔德城和首都哥本哈根之间开通，为这座古城带来了生机。

1995年，洛斯基尔德大教堂被联合国教科文组织列为世界文化遗产。

独石教堂（埃塞俄比亚）

　　如果说，当人们看到古代匠师们在巨大的岩石上雕刻出宏伟的神像和动物，或者在石窟中凿刻出精美的佛龛和浮雕，它们所显示的毅力和技艺，给人们留下了无穷的惊叹；那么，当人们再看到，古代的大师竟把埋在地下的约五六层楼高的大岩石雕出一个个完整的大教堂，门窗梁柱都镂空刻就，不能不赞叹这是世间罕见的奇迹。埃塞俄比亚的独石教堂就是这样的奇迹。

　　独石教堂（Monolithic Churches）有"非洲奇迹"之称。位于埃塞俄比亚北部山区的拉利贝拉城，南距首都亚的斯亚贝巴 300 多千米。这个古老的小城，原称罗哈。据说，公元 1181 年，扎格维王朝的王公拉利贝拉当了国王，定此为都。他为了显示对上帝的虔诚，特招募全国第一流的能工巧匠，在地下岩层中"凿刻神庙"，但不许使用贴合物质。于是，在建筑大师锡迪·梅斯奎尔的率领下，5000 名工匠日夕苦战，花了近 1/4 世纪的时间，终于在埋在地底下的岩层中凿出一座又一座的石刻教堂，共 11 座之多。从此，这一小城遂改名为拉利贝拉。这组独石教堂就立根于拉利贝拉小城深深的岩层上，气势巍峨。

　　要在埋于地底的坚硬岩层上，凿出巨大的石头教堂建筑群，其工程之艰巨可想而知。首先，人们要把覆盖在岩层上的厚厚的土壤全部清除掉。然后，再在岩层上从四周垂直往下开凿，削出一方方深达 12～15 米的巨大石块，这就是教堂的"毛胚"。最后再在这些石头"毛胚"上外削内镂，将整个教堂的内部结构和装饰，如柱形走廊、柱顶花纹、塑像、浮雕和祭坛等刻出来，教堂的每个梁柱门窗都是从里往外镂空透雕而成的。由此可见整个工程之浩大、艰巨，施工之复杂，技艺之精巧！

这组独石教堂直立在 7～12 米深的井状通道中，几乎没有冒出地面。其中最大的是梅德哈尼·阿莱姆教堂，即救世主教堂。这座教堂是在红色岩石上凿成的，通体绛红，宛如火焰，内有石柱 28 根，屋顶呈

独石教堂

碑形。教堂长 33.2 米，宽 23.5 米，高 10.6 米。玛利亚教堂内部建筑最为精美，其天花板和拱门上，用红、黄、绿等颜色绘成动物或几何形象，色妍形异，巧夺天工。戈尔塔教堂是拉利贝拉国王的葬地，那里保存着他的一些遗物，包括凳子、挡板和一具没有支起来的大十字架。圣·乔治教堂形制特异，从上看下去颇似放在地上一个大而厚的十字架。埃曼纽尔教堂内有宛如木柱式的石雕横梁，它的红墙构成线条分明的几何图形。这 11 座教堂是在不同颜色的岩石上开凿的。因此，其颜色和大小各不相同，建筑式样也各具特色，但都有古老的阿克苏姆式的石碑尖顶和象征性横梁。各座教堂之间，由壕沟、桥梁和涵洞相互接通。这些过道又构成了一个个的内院。

公元 122 年，拉利贝拉逝世。后来的几个世纪中，由于这一地区远离商道，又为茂密的森林所包围，它完全与世隔绝，无人得知，直到 1974 年才重新被外部世界所发现。

1978 年联合国教科文组织把拉利贝拉独石教堂列为世界文化遗产之一。

海利根克劳兹修道院（奥地利）

海利根克劳兹修道院是在世界上第二个最古老的西多会修士男修道院，也是继续活跃并有人居住的最古老的一个修道院。

修道院平静地坐落在维也纳森林中，所以被称作是"维也纳森林修

海利根克劳兹修道院回廊

道院"，是世界上最美丽的中世纪男修道院之一。在 1133 年，巴本堡家族圣利奥波德三世（Leopold III）建立了它。圣利奥波德三世的儿子奥托，这时已经被派到巴黎学习。奥托和西多会僧侣建立了联系并且不久决定引入一座西多会修士男修道院。当奥托在奥地利拜访他的父亲时，请他为奥地利建造一座相似的男修道院。这是圣利奥波德在维也纳西北部建造海利根克劳兹修道院和克罗斯特新堡修道院的原因。他的儿子奥托成为 Freising 的主教，并且被认为是中世纪最重要的史学家之一。奥托受到人们的祝福和尊敬，他的遗物被保存在这座修道院里。目前海利根克劳兹男修道院有约 80 名成员，附属 18 个教区。神圣的礼拜仪式中庄严的庆典和格雷戈里圣歌在修道院里是僧侣们的生活的核心。

极高的罗马哥特式风格修道院教堂在 1187 年建造，并在 1240 年与男修道院联成一体。它的简朴的高尚风格表现了 Cistercian 建筑的理想：这座建筑用石头表示对上帝的赞美和颂扬，而不是用画或者其他装饰品。西面的 3 扇窗子体现被祝福的三位一体。一种令人惊叹的印象发生在复活节期间，当那些僧侣晚祷时，西落的太阳的光线通过 3 扇窗子散落在他们身上。

修道院的罗马式听众席（供状的建筑）和修道院教堂得到完好的保护。教堂罗马式建筑风格的正面，交叉式拱顶是 13 世纪奥地利最早期的有巨大交叉肋骨的拱顶的建筑。在 1295 年，一个高大的哥特式唱诗班大厅替换了修道院教堂的罗马式半圆形室，这是一件奥地利哥特式建筑的杰作，是世界上最大的中世纪僧院建筑之一。从 1641 年开始新建造的几处有较大艺术价值的巴洛克风格的建筑加入男修道院建筑群中，这些建筑在 1662 年完成。1683 年土耳其人侵入，修道院遭到损坏之后又新建。直到今天，教堂的窗子已经几乎全被保护。回廊建于 1220～1240 年，在 19 世纪重建为哥特式。还有新的哥特式高祭坛（1887 年），巴洛克风格的祭坛画；带有巴本堡家族的成员的玻璃画"多层泉水屋"（1290 年）从 16 世纪起引进了泉水。为海利根克劳兹修道院工作的最重要的巴洛克风格的艺术家是威尼斯的雕刻师乔凡娜·朱利亚尼（Giovanni Giuliani）。他雕刻了许多今天还能看到的装饰修道院的雕刻作品，在早期巴洛克风格的院子里有他设计建造的一个三位一体柱（1736～1739年）和 Josefsbrunnen 喷泉（1739年），还有回廊的布景和唱诗班席（1707年）在内的大多数雕刻品。朱利亚尼死后被埋在修道院教堂里。离开男修道院院子是通往真实十字架（1731～1750年）的道路。

在晚期罗马式的牧师会堂安置有巴本堡的4位统治公爵的坟墓：利奥波德四世、利奥波德五世、弗里德里克一世和弗里德里克二世。那位利奥波德五世在十字军东征时曾经绑架了狮心英王理查，后来英国人用重金把他赎回。这对英国人来说可能是一段有趣的历史。在1188年利奥波德五世捐赠了一件大的真实十字架，如今这个遗物放在修道院里。它是阿尔卑斯山北部最大的真实十字架遗物，直到今天这个十字架仍然被尊敬。而建造这座修道院的利奥波德三世在1136年去世，没有被埋葬在这里，而是被埋在克罗斯特新堡，在1485年他作为一个圣者被宣告为圣徒。公爵弗雷德里克二世塑像躺在一个高的石棺内，因为他特别地资助了这座男修道院。由于他的死，巴本堡家族在1246年随之完结。

圣利奥波德三世于1133年建立的西多士修道院里的祷告屋是一个祷告和崇拜的地方，人们在这里感谢和赞美上帝并且为了世界和平而祈祷。这座修道院的精神和文化生活从12世纪起到如今没有任何中断或者被损坏而始终持续。

克罗斯特新堡修道院 （奥地利）

一座文化与经历同样卓越，带有圣·利奥博得（Leopold）礼拜堂的哥特式回廊的罗马式修道院教堂。这里有世界闻名51个华丽的珐琅瓷釉嵌镶的凡尔登圣坛，查尔斯六世年代的华丽皇帝寝室，修道院博物馆的珍贵藏品。克罗斯特新堡是奥地利最吸引游客的、最有魅力的、最有文化精髓的修道院。

该修道院是利奥波德三世伯爵于1114年建造的。查尔斯六世皇帝（1685～1740）仿效西班牙埃斯科里亚尔建筑的巴洛克风格，建造了一个宏伟的地球大厅，那里是今天导游带领游客参观这座迷人的修道院的的第一个景观和从这里开始游览主题路线的地方。

"神圣主题"将带领你通过修道院教堂，逐一参观它的壁画及早些时候巴洛克风格的管风琴和凡尔登祭坛。凡尔登祭坛是中世纪保护最好的瑰宝，它以尼可拉斯·冯·凡尔登命名，是12世纪末（祭坛稍后被改变）一件辉煌的手工镶宝石珐琅金饰艺术品。

"皇家主题"展示高贵的巴洛克风格建筑的壮丽的印象，"葡萄酒文化主题"带领你访问地下的4个巴洛克风格的酒窖。修道院酿酒屋是奥地利最古老也是最大的酒厂，在这里可以品尝酒的口味。

这个修道院地下的宏大的建筑是在修道院院长本韩特·斯格曼第主持下建造的（1658～1675），为的是贮存酒和谷类。谷仓下面的酒窖在2005年进行过完整的修缮。

18世纪后期，院长安布罗·洛伦茨建立了修道院博物馆。它的收藏包含从中世纪到现代的绘画作品、雕刻品和手工艺品。"艺术在星期日"活动是向游客展示博物馆的珍贵艺术宝藏的聚会，向人们展示一些珍贵的收藏品，考察它们的艺术价值，研究它们原先所在的政治、历史和社会环境，愉快地度过2个小时的艺术时光。在博物馆的库存清单里最重要的项目是拉斐尔·唐纳的水银雕像、大批象牙雕刻品收藏以及19世纪和20世纪的那些修道院的许多风景画藏品，其中包括有埃贡·席勒的早期作品。然而，最宝贵收藏品还是巴本堡家族树和卢兰德·弗鲁夫年轻时候的作品。

凡尔登祭坛是修道院所藏有的中世纪的著名的艺术品中最具有艺术价值的。对它的创作者尼古拉斯来说，虽然祭坛被在克罗斯特新堡里建造，与法国城市无关。但是在今天，那些设立在利奥波德礼拜堂内的祭坛是"神圣主题"线路的参观重点。祭坛是在1181年之后大约又进行了10年才全部完成。祭坛四周围绕共51个珐琅瓷釉镶嵌，分布在3个

克里斯特新堡修道院

并排的区域。

修道院的全部巴洛克风格的庞大的建筑群本应该在1730年开始被建造。根据查尔斯六世皇帝的主张,修道院和皇宫构建成统一体,这一模式是仿照在马德里附近的埃斯科里亚尔建筑群。当这个雄心勃勃的工程在查尔斯六世去世10年以后被放弃的时候,已经建成的部分只稍微超过原计划建筑的1/8,它们主要是令人印象深刻的大理石大厅和有华丽家具的皇帝房间。

在1740年查尔斯六世死后不久建设被停止。后来仅在1834～1842年之间又使完成的建筑增加到计划的1/4。这要感谢建筑师约瑟夫·科恩豪瑟尔。因此时至今日,那里存在的建筑只是设计中的院子的一部分,并且只有2个圆顶而不是原来计划的9个。有巨大圆顶的壮丽的大理石大厅和与之相对应的宽大的阳台成为这个巴洛克风格的皇宫式建筑的正面的中心楼阁。大厅直到1860年才被完成。巨大圆拱顶上的那些壁画是由丹尼尔在1749年内完成并且被赠予为"奥地利屋"的荣誉。

一个皇帝为了他的子民免于黑死病而建造的教堂，最后成就了一个伟大的艺术。

圣卡尔教堂（奥地利）

　　教堂完成于 1737 年，长 80 米、宽 60 米、高 72 米。在 1713 年黑死病猖獗期间，卡尔六世皇帝发愿，只要维也纳城能够幸免于难，他要建造一座大教堂奉献给前米兰总主教和守护生灵抵御黑死病的圣波洛梅欧（1538～1584）。翌年举办的一项教堂建筑的设计竞赛里，埃尔拉赫父子赢得比赛，一座华丽却不失典雅的巴洛克式杰作由此诞生：宏伟的圆顶和门廊系仿自古希腊和古罗马式的建筑，内部充满了

圣卡尔教堂

· 走进世界著名教堂 ·

许多当时著名艺术家的精心雕刻和祭坛画，包括葛朗和托蒙第的作品。

圣卡尔教堂正面

山墙的浮雕由史丹内提制作，描绘的是1713年维也纳遭黑死病侵袭的情景。山墙上中间的圣者像圣波洛梅欧由马提利制作。正门阶梯两侧有象征旧约圣经的天使像和象征新约圣经的天使像。

双圆柱

仿自罗马建筑的图雷真圆柱，柱面上的螺旋形图案，刻着圣波洛梅欧的生平，左圆柱阐述坚定的信念，右圆柱表达的则是勇气。

圆顶阁壁画

罗特迈尔的壁画着手于1725～1755年的30年间，描绘圣波洛梅欧被尊为圣者。这也是画家的最后作品。

主祭坛

这座主祭坛的特色之处是由卡美西纳制作的灰泥浮雕，描绘圣波洛梅欧在一群天使的伴随下升天。

史蒂芬大教堂（奥地利）

史蒂芬大教堂是维也纳市的标志，也是全世界最著名的哥特式教堂之一。1997 年，史蒂芬大教堂庆贺了它 800 年诞辰。它那 137 米高的尖塔是继科隆大教堂之后全世界第二高的教堂尖塔。

和欧洲历史上遗留下来的所有教堂一样，史蒂芬大教堂屡遭劫难。早在 12 世纪初，巴奔堡的戍边伯爵们就曾在此建造了一座方殿式罗曼风格（对罗马建筑风格的模仿）的教堂。这里经历了两次大火之后，波西米亚国王奥托卡二世重新建造了一座方殿型的教堂。我们今天见到的哥特式风格是 14 世纪的产物，是在哈布斯堡的鲁道夫四世公爵的倡导下建成的。在以后的几个世纪里，史蒂芬大教堂几乎没有中断过它的建造。

15 世纪，南塔的建造完成了；16 世纪，北塔的尾期工作结束了；18 世纪，史蒂芬大教堂的高塔完工；19 世纪，教堂的改建和修缮工作一直在进行着。除了 1683 年土耳其人兵临城下，和 1809 年拿破仑大军再次破门而入之外，史蒂芬大教堂几乎没有受到过战争的威胁。对史蒂芬大教堂最大的破坏是在 1945 第二次世界大战最后的那几天，炮火袭击使教堂起火，教堂的屋顶、铜钟、管风琴和大部分玻璃窗画毁于一旦。战后的奥地利满目疮痍，但是重建家园的工作马上就开始了。修复工作从 1948 年开始，一直延续到 1962 年。全奥地利的九个联邦州，分别负责修复大教堂的某一个部分。如今，各州人民精诚团结，共同修建

史蒂芬大教堂已被传为佳话。每一个走进教堂的人，都会为其建筑的浩繁和精美所折服。2排哥特式的柱子，把教堂的正殿隔成3部分。放眼望去，从圣坛背后唯一的2块免遭摧残的玻璃窗画射进了一缕缕五彩缤纷的光线，为巴洛克的圣坛增添了一丝神秘的气氛。

大教堂内有1467～1513年间由尼可拉斯·格哈德·凡·莱登设计建造的国王弗里德里希的红色大理石墓碑。教堂内北侧厅是安顿·皮尔格拉姆设计的布道坛和管风琴脚（1513），在这两件作品上有作者的自画像。

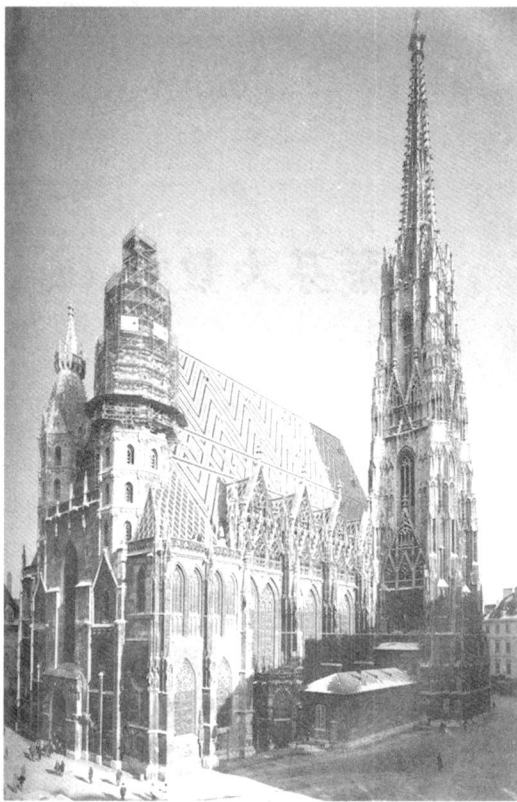

史蒂芬大教堂

"维也纳新城祭坛"同样值得一看，它是1447年建成的哥特式祭坛，1754年成为欧根·冯·萨沃恩王子的墓碑。祭坛内外柱子上的装饰向我们再次展现了昔日皇宫的豪华与奢侈。

倚窗眺望人：左侧的布道坛是教堂内最精美的一座哥特式艺术品。1515年，教堂建筑师皮尔格拉姆不仅把四个布道师的半身像塑造进去，而且还把自己以一个"倚窗眺望人"的形象塑造在布道坛的底部。他在这里开出一扇窗户，自己便半倚在半开的窗上，手中还握着他那把心爱

的刻刀。

南塔：如果登上 343 级台阶的南塔，不仅可以把维也纳内城的景观尽收眼底，而且还可以把由 23 万片彩瓦组成的教堂顶部观察得一清二楚。年迈体弱或乐于消遣的游客则可以乘坐电梯登上北塔，去观赏史蒂芬大教堂的铜钟。

铜钟：史蒂芬大教堂塔楼上的铜钟重达 20 吨。1683 年，维也纳人战胜了奥斯曼帝国的侵略，把缴获的枪炮铸成了这座铜钟。第二次世界大战后，人们把残片收集起来，重铸了这口大钟。如今，每年在新旧年交替的那一时刻，成千上万的维也纳人在史蒂芬教堂前的广场上聆听着钟声，相互庆贺新年。

地下墓穴：史蒂芬大教堂有一座庞大的地下墓穴。当年人们在废除史蒂芬墓地时，把成千上万个维也纳人的尸骨放置在此。此外，哈布斯堡王朝的成员还把自己的内脏放置在此。

洛杉矶水晶大教堂（美国）

　　洛杉矶水晶大教堂始建于 1980 年，历时 12 年完成，可容纳近万名信徒进行礼拜活动，是世界上规模最大的基督教教堂之一。

　　坐落于加利福尼亚州佳登格勒佛的水晶大教堂是由美国设计师学会金奖获得者非利普约翰逊和他的助手约翰共同设计的。它是国际水晶大教堂牧师们的乐园，教会包括一万多名成员以及国际性电视转播节目"动力时空"。为庆祝大教堂成立十周年，一座钟塔落成了。钟塔中包含了许多高刨光不锈钢菱镜，并收藏了一个带有 52 个钟的钟乐器以对阿维拉舒乐表示敬意。为纪念约翰和多纳·克林，尖塔被命名为克林塔。尖塔的底部是一座名叫玛丽屋小礼拜堂，在它的大理

水晶大教堂

石墙上刻着这样一句话："此屋应称为所有人祈祷之屋。"

　　大教堂有 10000 多盏柔和的银色玻璃窗，它们被安装在像蕾丝一样的钢体框架上。此外，还有 2 座约 30 米高的电动大门在讲坛后打开，以使晨光与和暖的微风来烘托朝拜圣礼。圣堂可容纳 2890 人就座，并可满足 1000 多名歌手和乐器演奏家在 60 多米长的高坛上进行表演。礼拜活动可通过超大屏幕的室内电视屏幕，以及在大教堂室外的 Nit－Star 直接转播给开车来的礼拜者。大教堂的管风琴据说是由芝加哥 Hazel Wright 所制并作为礼物赠送的，并以其优秀的质量和超大的体积而闻名，它是世界五大管风琴之一。高坛是由在意大利采集并切割、抛光的 Rosso Alicante 大理石制作而成。祭坛和道坛由花岗岩制成，5 米多高的十字架被设计成 18 开书页大小、镶金的老式结构。一种特别的设备把讲道同声翻译为 5 种不同的语言。大教堂中央广场的平台可容纳不断扩大的音乐讲道，可提供电视的录制，还有房间提供给基督教培训、高级的声音演播室及电视演播室来播放讲道。

圣约翰大教堂（美国）

圣约翰大教堂为美国主教制教会（圣公会）主教座堂，是世界第三大教堂。位于纽约曼哈顿第 110 街和第 113 街的阿姆斯特丹大道。1828年该派主教霍巴特向纽约市长菲力普·霍恩建议盖大教堂，因种种原因直到 1892 年才正式动工，至今尚未完工。提到圣约翰大教堂的修建，

圣约翰大教堂内景

就不能不提及圣帕特里克大教堂。圣帕特里克大教堂是美国天主教纽约
总主教座堂，位于纽约第五街，是美国天主教会较早的大型教堂。该堂
自从对非天主教徒正式开放以来，吸引了大批美国人前往参观。虽有人
对该堂耗资巨大颇有微词，但无不赞叹其特具的异国情调和雄伟辉煌。
在其影响下，纽约主教制教会决定建筑规模宏大的圣约翰大教堂。

圣约翰大教堂的建造工作分 3 阶段。第一阶段：1892～1911 年，
由海斯和拉法热设计，建筑风格为罗马式；第二阶段：1916～1941 年，
主设计为克兰姆，建筑风格为哥特式；第三阶段：1945～现在，继续完
成剩余部分，右中厅旁的小教堂、西部塔楼、中厅和唱诗楼的屋顶等。
全教堂占地面积约为 11241.2 平方米，全长约 182.88 米，相当于两个
美式足球场的长度。主建筑全部为石结构，包括大门、门廊、主厅、中

圣约翰大教堂

厅、小教堂、唱诗楼、主祭坛、施洗室、展览厅等。主厅最高点达53.99米，内拱顶高为37.82米（相当12屋楼高），宽约44.53米，两边有53根大圆石柱分4排排列，把主厅两侧分为14个区，包括历史区、主教区、律师区、教育区、布道区、艺术区、出版区、医疗区、教会生活区等等。各区各自供奉与之有关的圣徒。主厅墙上挂有与《圣经》故事有关的几幅巨大的出自名家之手的织锦。窗户直径为3.67米，嵌有1万片玻璃，其风格及所绘图案各异。中厅呈圆穹状，有一精心雕刻的大理石布道坛。唱诗楼两侧有巨大管风琴，共有141排，8035根管子，规模之大世界罕见。主建筑最东端，环形排列着7个以圣徒命名的小教堂，供奉着有关圣徒。施洗室有一雕刻精美的大理石受洗池。主建筑的中心竖立一座与真人一般大小的耶稣像。附属建筑有：大教堂楼、主教公署楼，供主教、工作人员及教堂附设学校学生住宿和工作之用；教堂附设学校，原为培训唱诗班成员设立，自1972年以来已改为面向社会招生的普通私立学校；宗教艺术博物馆。该堂现在向各民族、各种族的信徒开放。

墨西哥大教堂 （墨西哥）

　　墨西哥大教堂是墨西哥最大的和最主要的天主教堂，也是美洲屈指可数的著名教堂之一，位于墨西哥城索卡洛广场北侧。墨西哥城是一座历史悠久的古城，建于公元1325年，原称为特诺奇蒂特兰，是阿兹台克帝国的首都，和许多其他阿兹台克的古城一样，最早是以高原内陆湖泊中心的一个小岛为核心逐步扩展而成的，具有较高文明的印第安人阿兹台克族，在湖心小岛上建造起高大的金字塔，由小岛向四周伸展着宽阔的街区和长堤，连接邻近的小岛和湖滨平原。

　　大教堂始建于1573年，1823年才正式完工，历时250年，堪称美洲建筑历史之最。这是一座由玄武岩和灰色沙质石料砌成的巨大建筑物，石墙很厚，并用粗的铁链加固，以达到增加抗震强度的目的。

　　教堂呈传统的拉丁十字形布局，有一个中殿和两个侧殿。中殿为纵向长方形，南北长110米，东西宽55米。中殿纵深处的大祭坛有典型的文艺复兴式圆形拱顶覆盖。拱顶上有许多装饰华丽的拱架及各种浮雕绘画等。与中殿成十字形交叉的侧殿中，设有许多小祭坛和7个小教堂。其中一些小教堂都是后来各个不同艺术派别的艺术家们不断加工和改建的。皇家祭坛（或称皇家小教堂）是整个教堂中最漂亮的建筑。1718年动工，1837年峻工。它因仿照西班牙塞维利亚大教堂的皇家祭坛修建而得名。祭坛装饰极端讲究，为丘里格拉建筑艺术中的珍品。祭坛顶部的穹窿，镶嵌着各种金银珠宝和高贵华丽的雕饰，半圆形壁龛上

布置了精致复杂的精美雕塑，还有 20 幅宗教绘画，全是墨西哥著名的画家何塞·罗德里格斯·华雷斯的杰作。这个祭坛主要为朝拜圣母的教徒而设。祭坛上有一尊非常漂亮的用象牙雕塑的基督受难像和锃亮的纯银十字架。小教堂内还安放着殖民时期一些西班牙总督的遗骨。侧殿中的天使小教堂是镀金木质结构的巴洛克式建筑。有各种各样的彩灯及白银装饰物。支撑层顶的圆柱是用长条凹凸直线装饰柱身的所谓陶立克式立柱。教堂中的赦免坛是信徒们光顾最多的场所。许多人虔诚地祈求洗净罪过，以待死后进入天堂。赦免坛也是金漆木雕的艺术杰作，有两幅画非常名贵。一幅是装在纯银镜框中的《神圣家族》；另一幅是意大利著名绘画与雕刻家曼特格拉（1431～1506）创作的名画《圣塞瓦斯蒂安画像》。

教堂的正面糅合了多种不同建筑艺术风格，灰色的墙面映在白色的大理石上，给人一种和谐与庄重的感觉。中央正面是一组漂亮的雕刻，为墨西哥卓越的建筑大师、新古典主义派的艺术家曼努埃尔·托尔萨所作。作品反映了天主教的理想道德——信心、希望和仁慈。正面墙上还

墨西哥大教堂

有几组大型的浅浮雕，表现圣母升天、圣彼德受钥匙等情景。高耸的一对塔楼是新古典派建筑，塔高 67 米，内置最大的钟，称瓜达卢佩圣马利亚钟。此钟 1792 年铸成，底部直径 3 米，高 5 米，约 12 吨重。钟声敲响，10 千米外都可听见。两座塔楼的顶部，各有一个巨型的石制十字架。在教堂正门的外围有一道 13 米长、7 米高的铁栅栏，据说此乃金、银、铜的合金制品，是当时的墨西哥总督从澳门的一个葡萄牙商人手中弄来的中国产品。与教堂正面并排耸立的教堂礼拜堂正门，也是珍贵的巴洛克式建筑，墙壁上布满了细腻豪华的雕塑，壁柱上也有姿态生动的雕像和各种各样的装饰图案。

墨西哥大教堂顶部

瓜达卢佩圣母堂 （墨西哥）

瓜达卢佩圣母堂是墨西哥最大的宗教圣地，被罗马教三大奇迹教堂之一。它位于墨西哥城东北郊的瓜达卢佩，是墨西哥人民仅用一年多时间于 1976 年竣工的一幢现代化宗教建筑，与一座建于 1706 年的瓜达卢佩旧教堂相毗邻。但新教堂比旧教堂大 10 倍，建筑面积为 2 万平方米，可容纳 2 万人。

教堂采用现代化体育馆采用的圆形建筑结构，远远望去像是一把撑开的蓝色巨伞。"伞面"用漂亮的方形巨柱支撑，底下的外围是能停放 1000 多辆汽车的停车场。教堂大厅内没有一根柱子，从各个角度都能清楚地看到大理石砌成的大祭台。祭台外观像一个现代化会议厅的主席台。大厅中央悬挂着 160 盏六角形大吊灯。该教堂中最珍贵的物品是挂在祭台正中墙壁上的瓜达卢佩圣母像以及圣像上立着的那顶王冠。

瓜达卢佩圣母是墨西哥人民的地方守护神，具有与印第安人和梅斯蒂索人相似的褐色皮肤。传说在 1531 年 12 月，圣母玛利亚在一个名叫胡安·迪亚戈的印第安青年身上显灵。圣母出现的奇迹，在印第安人中引起很大风波。西班牙神甫为诱惑更多的印第安人改变宗教信仰，特地把"显灵"的玛利亚圣母改为印第安人习惯的名字——瓜达卢佩圣母，并把圣母的肤色改成褐色。还专为这位圣母修建了教堂，规定每年 12 月 12 日为瓜达卢佩圣母节。从 1521 年征服墨西哥后整整 10 年，西班牙的传教士在印第安人中没有形成多大的影响，而 1531 年出现了瓜达

瓜达卢佩圣母堂

卢佩圣母后不到 7 年时间，竟有 800 万以上的印第安人改信天主教。瓜
达卢佩圣母成为墨西哥人民心目中的主要保护神。为了表达人民对圣母
的崇拜心情，在修建瓜达卢佩新教堂时，特地将一幅圣母的原始画像悬
挂在祭台正中的墙壁上。画像有 2 米长、1.1 米宽，用金边、银边、铜
边三层镜框镶嵌。画像上面挂着的 32 磅重的金银珠宝王冠，据说是
1895 年为给圣母举行加冕仪式，墨西哥城的贵族妇女特地捐献出来的，
由 18 位手艺高超的首饰艺人精心加工制成。原件已被政府作为国宝收
藏。现在挂在新教堂内的是复制品。自从圣母堂正式开放以来，全国各
地到此朝圣的人络绎不绝，尤其是星期天，教堂四周挤满了人。许多信

瓜达卢佩大教堂

徒为对圣母表示虔诚的信仰，常用膝盖跪行于教堂内的石板路上。每年
12月12日瓜达卢佩圣母节来临时，信徒要在教堂里举行宗教仪式，还
要载歌载舞热烈欢庆。圣母节前后几天，来圣母堂参拜的朝圣者多达数
十万。不仅是墨西哥国内的信徒，还有来自拉丁美洲其他各国的人士。

巴西利亚阳光大教堂（巴西）

巴西利亚大教堂是一座造型奇特的伞形教堂，既像罗马教皇的圆形帽，又似印第安人的茅屋。

巴西利亚大教堂的建筑风格超群。建筑物的主要部分在地下，露出地面的是一只状若荆冠、覆盖玻璃的金属顶盖。顶盖下是悬在空中的神像。基督和圣徒们犹如身在蓝天白云中。

欧洲的教堂外表大多以各种浮雕装潢，教堂内阴森幽暗，给人一种神秘而庄严的氛围。而巴西利亚阳光大教堂一反传统，外形线条简洁，教堂内光线明亮、空间宽敞，体现着现代气息。教堂的主体建筑在地下，地面上是教堂的"屋顶"，它由数十根抛物状的立柱束在一起，远看像巴西印第安酋长用禽鸟羽毛做成的"王冠"。王冠四周有水池相围，当阳光照在水池上，水波闪动反射在教堂内的玻璃窗上，给人一种既神秘又悦目的感觉。

巴西利亚阳光大教堂

教堂气势恢宏，高大气派。教堂周围，花木葱茏，环境优雅，阳光透过花玻璃窗变得五光十彩，给整个教堂增添了神秘的色彩。

里约热内卢大教堂（巴西）

里约热内卢大教堂始建于 1964 年，1976 年落成使用，是一处钢筋水泥结构的现代化建筑。教堂呈圆锥形，高 75 米，底径 106 米，整个框架结构由规则的方框构成，好像天梯，所以又称做天梯型大教堂，可

里约热内卢大教堂

容纳 2 万人。教堂气势恢宏，高大气派。教堂正门前，是教皇保罗二世的铜质塑像，左侧是和教堂高度相当的钟楼，钟楼上方是十字架。建筑群庄严肃穆，傲立于城市中心，奇特的造型，在现代化的楼群之中显得鹤立鸡群。教堂周围，花木葱茏，环境优雅，绿地面积虽然不大，但是小巧别致，给人以美的感觉。

进入教堂，更能够感到教堂的恢宏。抬头仰望，教堂顶端是玻璃的巨大的十字架造型，阳光透过十字架照射进来，使得大厅光线明亮、柔和。十字架的四端连接着花玻璃窗一直垂到地面。阳光透过花玻璃窗变得五光十彩，给整个教堂增添了神秘的色彩。讲礼台上方，高悬着硕大的耶稣受难的木制雕像，耶稣被钉在十字架上的场面，虽然常见，但是在这里依然感受到心灵的震撼！讲礼台的背面是小礼拜堂和忏悔室，四周雕刻有圣母玛利亚怀抱儿时的耶稣的雕塑及其他常见的塑像。

卢汉天主教堂（阿根廷）

卢汉天主教堂是阿根廷天主教名胜，位于阿根廷首都布宜诺斯艾利斯市以西 70 千米的卢汉小市镇。兴建于 1630 年的卢汉小市镇，为阿根廷最古老的城市之一。这里四季分明，气候温和湿润。在公园和广场上，高大的木棉树比比皆是，桃红和橘黄色的木棉花相映，显得格外绚

卢汉天主教堂

丽多姿。市内有殖民时期的市政大厅、哥特式建筑的教堂，还有一座历史博物馆。17世纪末至18世纪初，卢汉城逐渐成为一个远近闻名的天主教圣地。每年都有成千上万的信徒从四面八方涌往这里朝圣。许多人长途跋涉而来，以示其虔诚。特别在每年5月8日朝拜卢汉圣母的盛大宗教节日那天，这个古老的小镇更加热闹非凡。现在卢汉圣母已成为阿根廷、巴拉圭、乌拉圭三个国家共同信奉的保护神。

　　卢汉圣母的雕像是一座陶器制品，圣母脚踩朵朵浮云，两手合掌于胸前，红色长袍上披着蓝色带有颗颗白色星星的大披巾；圣母脚下的云彩飞扬，弯弯的明月嵌入其中，几个展翅飞翔的小天使气宇不凡。圣母像本身只有50多厘米高，但加上圣母的服饰及天体背景的附属雕饰，使整个塑像就显得比较高大了。这座雕像所以成为信徒们顶礼朝拜的偶像，据传说是因为圣母曾在卢汉河畔显过灵。很久以前，一位有钱的葡萄牙人想出资兴建一座小礼拜堂，他请他的一位巴西朋友给他运2座圣母塑像去。那位朋友托一个有二三十辆驴车的商人将塑像带到海边港口然后装船运到葡萄牙。1630年某日，车队渡过卢

卢汉天主教堂

汉河，准备往布宜诺斯艾利斯进发。因天色已晚，车队在河畔过一夜，第二天准备出发时，发现装有两座圣像的大车车轮深陷于泥地中

无法启动，人们七手八脚想把圣像搬到另外的车子上，但只搬动了其中的一个塑像，另一座圣母像用尽全力也无法挪动，于是人们认定这是圣母显灵的奇迹，说明圣母只想留在卢汉河畔。人们为此临时搭了一个茅草屋供养圣母。1670年以后这位圣母受到了当地总督和天主教的重视，圣母被供奉为卢汉的地方保护神，并一次又一次地为圣母改建和扩建教堂。

1910年12月4日一座豪华的卢汉圣母教堂在卢汉市镇正式开放。从此，卢汉成为阿根廷、乌拉圭、巴拉圭三国的天主教徒们虔诚向往的天主教圣地。

圣墓大教堂 *(以色列)*

圣墓大教堂又称"复活大堂"，耶稣坟墓所在地，基督教圣地，耶路撒冷基督教大教堂之一，位于以色列东的耶路撒冷旧城。

建于巴勒斯坦中部的耶路撒冷是世界著名的历史古城，在这座有 4000 年历史的城池上，刻满了征战和兴亡的印记。据统计，它先后遭受过各国的征服共达 37 次之多。这座古城特别以浓厚的宗教情调著称。犹太教、基

圣墓大教堂

· 走进世界著名教堂 ·

督教和伊斯兰教，各自根据自己的宗教传闻，尊它为圣城。犹太教把耶路撒冷一贯看作是他们的宗教中心以及他们顶礼和思慕的所在，为了保持城市的圣洁，犹太教法典甚至严格规定，除玫瑰花外，不得在城内有其他的花园。基督教徒则认为这里是教主耶稣被钉死在十字架上的地方，是他一生传教的主要活动场所。伊斯兰教则相传先知穆罕默德从这里骑飞马直上七重天，接受天启的神圣地点。三教奉一城为圣地，使耶路撒冷在全世界处于独一无二的地位。在历史的长河中，许多邦国的兴亡、民族的攻战、宗教的纷争，在这里深深地纠结在一起，直到今天还没有平息。

圣墓大教堂由 3 部分组成：圣墓教堂、骨骸地教堂和寻获圣架教堂。

圣墓教堂在骷髅地的山谷中，那儿是埋葬耶稣的地方，教堂外观像一个十字架，教堂内的小教堂实际上只是整座建筑的大殿：和罗马的万神殿一样呈环形，只能通过圣墓上方的圆顶采光，16 根大理石柱环绕圆顶，勾勒出 17 个拱廊，形成一条空中飞拱，飞拱同样饰有 16 根柱子和 17 个拱廊，只是比承托的柱子和拱廊要小些。飞拱中楣的上方凿有龛，与诸拱廊相对，圆顶便依着壁龛的弧度搭起。昔日壁龛均以马赛克装饰，描绘了十二门徒、圣海伦娜和君士坦丁大帝的形象，另外还有 3 幅不知名的肖像。

圣墓教堂共有上下 2 层，由苦路进入，直接就会踏入教堂的二楼，这里是苦路的第十站和第十一站，分别展示着两件巨幅油画：犹太先知亚伯拉罕祭献儿子以撒和耶稣被钉在十字架上。第十二站是耶稣殉难的地点，这里矗立着著名的耶稣被钉死在十字架上的雕塑。第十三站在圣墓教堂的正门大厅，一块带着血红色斑的大理石散发有异香，是传说中摆放耶稣遗体的地方。从这里往左，大厅中央是小教堂状的圣墓所在地，这里原本是贵族约瑟夫购买的墓地，当年他因敬仰耶稣而把自己的墓地捐献出来埋葬耶稣。但下葬 3 天后，人们在距这里不远的大卫王衣冠冢上面的"最后的晚餐"楼两次见到了耶稣显灵，于是便打开圣墓查看，发现里面竟是空的，人们便就此认定耶稣死而复活。

被认为是耶稣殉难和复活处的圣墓教堂现由6个教派共同掌管，是教中有堂、堂中有教的典型。其实，关于耶稣的出生与复活各教派在说法上存在不少差异，不过好在如今，各个教派已经搁置争论，安然共处。

耶路撒冷老城为四边形，每边约长900米。它是大卫王所筑的城池的延续，但因战火频起，历经兴废，先后重修18次之多。据信大卫王所筑城在今老城稍南。现有城墙乃是400年前奥斯曼苏丹苏莱曼时代所建，但很大部分利用了所罗门王的旧城遗址，老城内根据宗教区分：东部有穆斯林区，西北部有基督教区，东南部有犹太区，西南部有亚美尼亚区。

在基督教区的圣墓大教堂，乃是基督教的最著名的圣地。相传耶稣的墓就在这里。据《圣经》记载，基督教救世主耶稣传教时，遭祭司和贵族所嫉恨，被犹太教当局拘捕，送至罗马总督彼拉多处，后判为钉死在十字架上。耶稣死后3天复活，40天后升天。4世纪初，罗马君士坦丁大帝的母亲希拉娜太后巡游至耶路撒冷，下令在耶稣蒙难和埋葬处建造一座教堂，即后来的圣墓大教堂。因大教堂地基一部分为耶稣墓地，故奉圣墓大教堂为圣堂。这一巍峨的建筑分为三部分，包括墓上的复活教堂、宏伟的长方形的受难教堂和岩石上的十字架。614年大教堂遭火烧毁，后经修建。11世纪初，大教堂被拆，后经拜占庭皇帝下令重建。12世纪，十字军入耶路撒冷城，将此改建成一座罗马式长方形教堂。圣墓大教堂中央大厅中的石碑，象征着人们视为圣城的耶路撒冷。大教堂中具有许多传说性的神圣遗迹、遗物和遗址。基督教徒不分教派和所属教会，都将耶路撒冷奉为圣地。现在大教堂的一部分为东正教耶路撒冷主教的主教座堂，另一部分为天主教方济各会所据有；科普特教会、叙利亚教会和亚美尼亚教会也各据堂中一部分。耶稣母亲圣玛利亚的诞生处也距此不远，十字军在那里建有圣安妮教堂。

原为拜占庭帝国东正教的宫廷教堂，君士坦丁堡的主教座堂，世界著名教堂之一。

索菲亚大教堂（土耳其）

索菲亚大教堂原为拜占庭帝国东正教的宫廷教堂，君士坦丁堡的主教座堂，世界著名教堂之一，位于土耳其伊斯坦布尔。伊斯坦布尔拥有2600年的悠久历史，它最早的名字是拜占庭，这是从希腊部族首领拜札的名字演变而来。

历代王朝在这里留下繁富的名胜古迹。全市规模不等的清真寺有

教堂穹顶的天使头像

700 余所，宣礼塔达千座以上。其中最著名的是阿亚索菲亚清真寺和蓝色清真寺。阿亚索菲亚清真寺是由 1600 年前东罗马帝国修建的索菲亚大教堂改建成的。它的大厅由 107 根高大的大理石柱衬着金叶装饰，支撑着高达 56 米的拱形圆顶，巍峨宏伟。大厅长 77 米，宽 71 米，通体为白色大理石，雕工精细，被誉为古代奇迹。相传教堂始建于 325 年，是在异教街神庙的基础上建造的。532 年君士坦丁堡发生暴乱，教堂遭大火烧毁。东罗马帝国皇帝查士丁尼一世下令重建了这座教堂，即圣索菲亚教堂。该教堂建筑工程历时 5 年，于 537 年竣工。

索菲亚大教堂是拜占庭建筑风格的代表作，其设计者为小亚细亚人

索菲亚大教堂

安提美斯和伊索多拉斯。教堂占地面积约 5400 平方米,主体呈长方形,中央大穹窿圆顶直径 33 米,顶部离地 55 米。东西两端连接着 2 个小穹窿圆顶,每个小圆顶又连接更小的圆顶。教堂内由圆柱廊分隔成 3 条侧廊。柱廊上方的幕墙上穿插排列大小不等的窗户,中央穹窿圆顶基部环以 40 扇窗户,每当阳光透窗射入大厅时,绘有壁画和图案的半圆形穹顶犹如在空中飘荡,造成一种虚幻飘渺的神秘境界。这大概也是这座教堂被誉为"东方与西方,过去与未来相结合"的原因之一吧。堂内所有圆柱均用颜色、花纹各异的大理石加工而成,墙壁下部也用大理石贴面。穹窿顶部和四周幕墙上面布满色彩绚丽的镶嵌及大量精美的壁画和雕塑。726~843 年的圣像破坏运动和 13 世纪初第四次十字军东征,使索菲亚大教堂遭到严重破坏。原有的镶嵌画及其他艺术珍品大都被毁坏,后经多次修复,也未能恢复旧貌。

1453 年土耳其占领君士坦丁堡后,在教堂外加建 4 个伊斯兰尖塔,将该堂改为清真寺。1935 年土耳其政府将其改为国家博物馆。1980 年 8 月土耳其政府将其中一所经堂重新开放,供穆斯林礼拜之用。

基辅—佩切尔斯克大教堂（乌克兰）

基辅—佩切尔斯克大教堂为前苏联最主要的古代宗教中心，俄罗斯文化和历史著述中心，又称基辅洞窟或伯朝拉大教堂，坐落在乌克兰基辅市第聂伯河左岸丘陵起伏的山谷中。这是前苏联境内规模最大的东正教建筑群，也是一处不可多得的艺术文物宝库。据编年史记载，10世纪以前这里曾是一处世袭领地，叫作别列斯托沃村。1051年智者雅罗斯拉夫大公时代建立修道院，早期建筑由希腊工匠设计并主持建造，1598年获大修道院称号。最早修道院只有一些洞穴教堂，之后地面教堂陆续出现，原有洞穴教堂则供贮藏物品之用。历代大公都极为重视和不断扶持佩切尔斯克大教堂。18世纪末，大修道院扩大到拥有22万平方米土地，150多个村庄和6万农奴，经营规模宠大的封建领地，成为一个直接参与王室事务、参与社会生活的佩切尔斯克地区。十月革命后，教堂被改作它用，1926年辟为历史文物博物院保护区。

大教堂无数的金色圆顶、白色钟楼和蜿蜒的围墙掩映在郁郁葱葱的绿树丛中，壮观而又透着神秘。教堂广场中央耸立着大钟楼，1731年至1745年按谢杰里的方案建筑，高96.5米，是当时俄罗斯境内最高的钟楼。钟楼用500万块形状各异、尺寸不同的砖石砌成，许多民间工匠都参加过它的修造。钟楼共分3层，每层都以白石立柱环其外围；金色圆顶。第三层悬挂着8只大钟，总重量为80多吨，其中7只钟的机械

部分互有相连，重 4.5 吨，每隔 15 分钟奏一次美妙的音乐。第八只钟则专用于鸣响。大教堂由规模不同的 3 处建筑群组成统一的格局：在较平坦的高地上是一些地面教堂；山坡上分布着"近洞窟"教堂建筑；远处丘陵谷地中见"远洞窟"教堂。至今保存下来的最古老的建筑是 11 ～12 世纪的圣母升天大教堂残迹、纳德弗拉特三一教堂和别列斯托沃救主教堂。12～18 世纪，乌克兰民族逐渐形成自己的建筑艺术风格，以修道院工匠斯杰潘·科弗尼尔命名的科弗尼尔堂是这一时期的代表作，其屋顶两侧有 6 面造型优雅的山墙。1608 年修道院设立了基辅第一个印刷所。该建筑原为木质结构，巴洛克式。1701 年和 1773 年分别对印刷所第一、二层进行了改建，现为砖石结构，有通道与洞窟相连，通道由 4 个支承拱加固。这一处所后被作为乌克兰国立书籍印刷博物馆。

大教堂被称为洞窟教堂，因其有 2 个人工洞窟得名。它们因离位于中心的圣母升天教堂的距离远近不同而被称作"近洞窟"和"远洞窟"，

佩切尔斯克大教堂

前者距圣母升天大教堂 228 米，后者 280.5 米。洞深离地面 5～10 米，洞窟走廊宽 1.5 米，通道平均高度 2 米，深达数千米。内有迂回的侧洞室，中世纪前用于居住或作防御工事。洞内常温 10～20℃，适合圣徒尸体自然风干保存。近洞窟中有 3 个教堂：安东尼耶夫教堂、维金教堂和瓦尔拉阿莫夫教堂。后两个教堂中的圣像壁由金属铸成，1814～1819 年又在表面镀金。近洞窟的地面建筑中最古老的是 1700 年建造的圣浸礼教堂和两层的钟楼。圣浸礼教堂中的圣像壁具有较高的艺术价值。

近洞窟中也有 3 个地下教堂：圣诞教堂、费奥多西耶夫教堂和报喜节教堂。地面建筑包括一个钟楼、修道小室和 1679 年建造的古老的诺扎恰季耶夫圆顶教堂，1696 年建造的圣母降灵教堂。这组建筑构思大胆，造型极其优美。莫斯科的奠基者尤里·多尔戈鲁基大公 1157 年葬在别列斯托沃求主教堂内。大教堂尚有一处埋葬 1812 年卫国战争时期将领的墓地。11～12 世纪，修道院僧侣涅斯托尔在此撰写了编年史《系年纪事剥》（又称《往年纪事》），此书可称为古俄罗斯生活的百科全书，其中记有第聂伯河沿岸及其邻近地区的主要史料和基辅罗斯的重要史料。13 世纪修道院又编撰了《基辅洞窟圣僧传》，叙述了洞窟修道院的生活的历史事件。现今大教堂文化史博物院仍是博物馆的综合体，包括 4 个博物馆和一些展厅，来此参观游览的人成千上万。1988 年在纪念俄罗斯接受基督教 1000 周年期间，基辅—佩切尔斯克大教堂的部分设施归还给俄罗斯东正教会，现已恢复了教堂的宗教活动。

光之教堂（日本）

日本最著名的建筑之一。它是日本建筑大师安藤忠雄的成名代表作，获得了由罗马教皇颁发的 20 世纪最佳教堂奖。

光之教堂位于大阪城郊茨木市北春日丘一片住宅区的一角，是现有一个木结构教堂和牧师住宅的独立式扩建。它没有一个显而易见的入口，只有门前一个不太显眼的门牌。进入它的主体前，必须先经过一条小小的长廊。这其实只是一个面积颇小的教堂，大约 113 平方米，能容纳约 100 人，但当人置身其中，自然会感受到它所散发出的神圣与庄严。随后，你会听到由自己双脚与木地板接触时所发出的声响。

建筑物由一个混凝土长方体和一道与之成 15 度横贯的墙体构成，长方体中嵌入 3 个直径 5.9 米的球体。这道独立的墙把空间分割成礼拜堂和入口部分。廊道两侧为素面混凝土墙，顶部由玻璃拱与 H 型横梁构成。廊道前后没有墙体阻隔，新鲜空气自由地在这个空间中穿行，其末端是绿色的树木和遥远的海景。透过毛玻璃拱顶，人们能感觉到天空、阳光和绿树。教堂内部的光线是定向性的，而不同于廊道中均匀分布的光线。教堂内部的地面愈往牧师讲台方向愈成阶梯状下降。前方是一面十字形分割的墙壁，嵌入了玻璃，以这里射入的光线显现出光的十字架。由于考虑了预算与材料之感，地板和椅子均采用低成本的脚手架。

光之教堂由混凝土作墙壁，除了那个置身于墙壁中的大十字架外，并没有放置任何多余的装饰物。安藤忠雄说，他的墙不用挂画，因为有太阳这位画家为他作画。

教堂里只有一段向下的斜路，没有阶梯；最重要的是，信徒的座位位置高于圣坛，这有别于大部分的教堂（圣坛都会位于高台之上，庄严而冷酷地俯视着信徒），此乃打破了传统的教堂建筑，亦反映了世界上每个人都应该平等的思想。

光之教堂在安藤的作品中是十分独特的，安藤以其抽象的、肃然的、静寂的、纯粹的、几何学的空间创造，让人类精神找到了栖息之

光之教堂

所。教堂设计是极端抽象简洁的，没有传统教堂中标志性的尖塔，但它内部是极富宗教意义的空间，呈现出一种静寂的美，与日本枯山水庭园有着相同的气氛。建筑的布置是根据用地内原有教堂的位置以及太阳方位来决定的。礼拜堂正面的混凝土墙壁上，留出十字形切口，呈现出光的十字架。建筑内部尽可能减少开口，限定在对自然要素"光"的表现上。十字形分割的墙壁，产生了特殊的光影效果，使信徒产生了一种接近上帝的奇妙感觉。